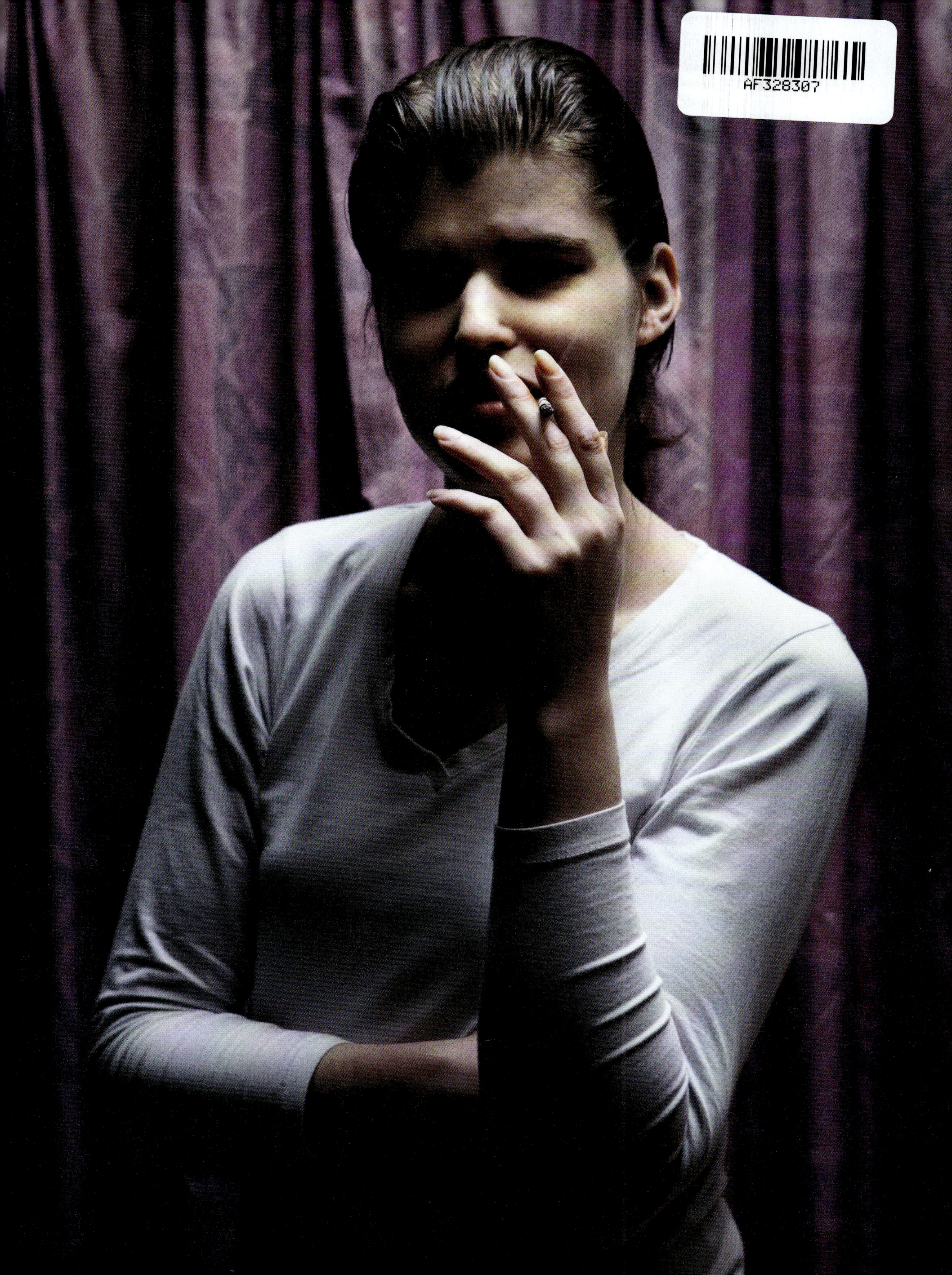
AF328307

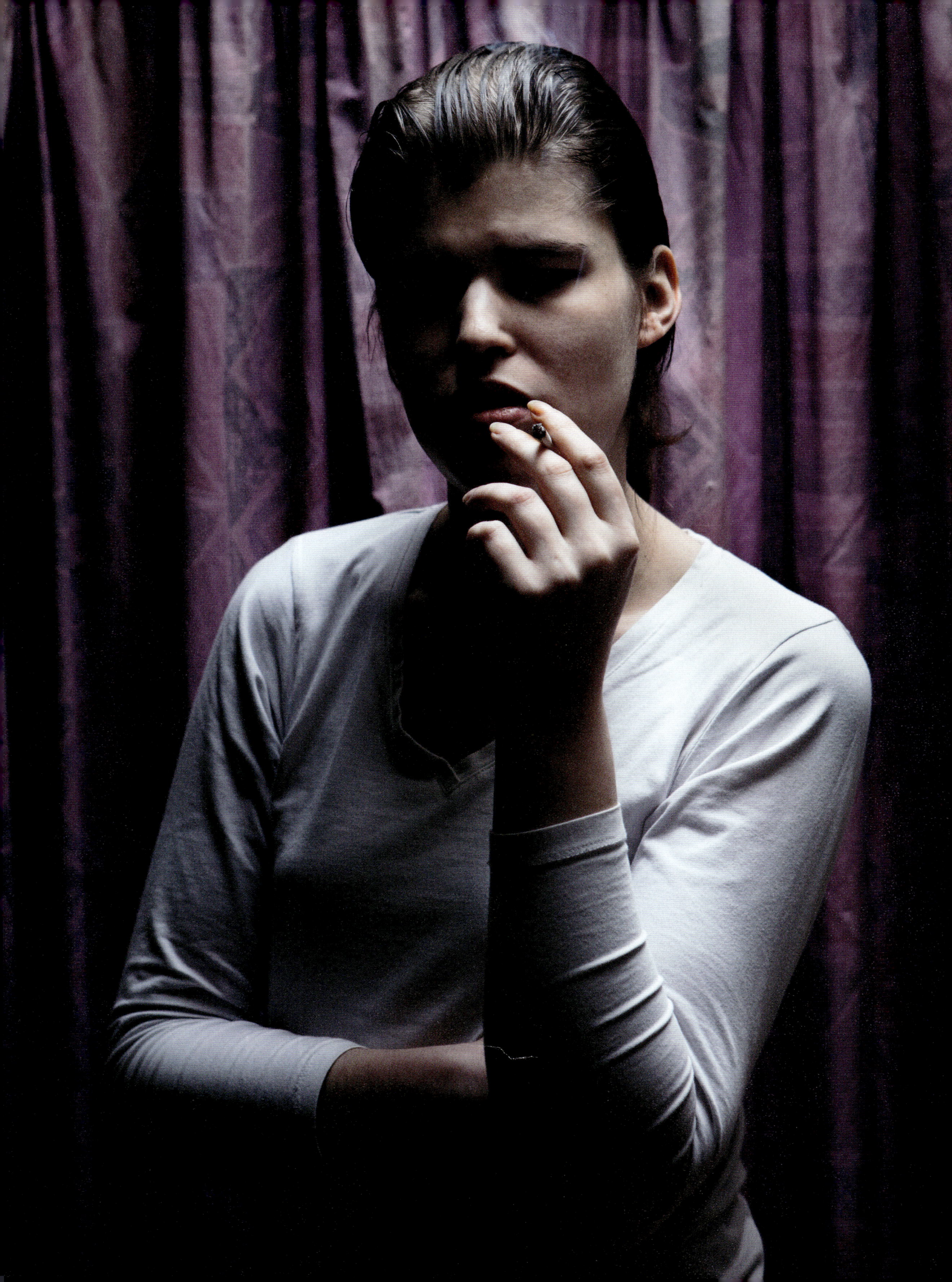

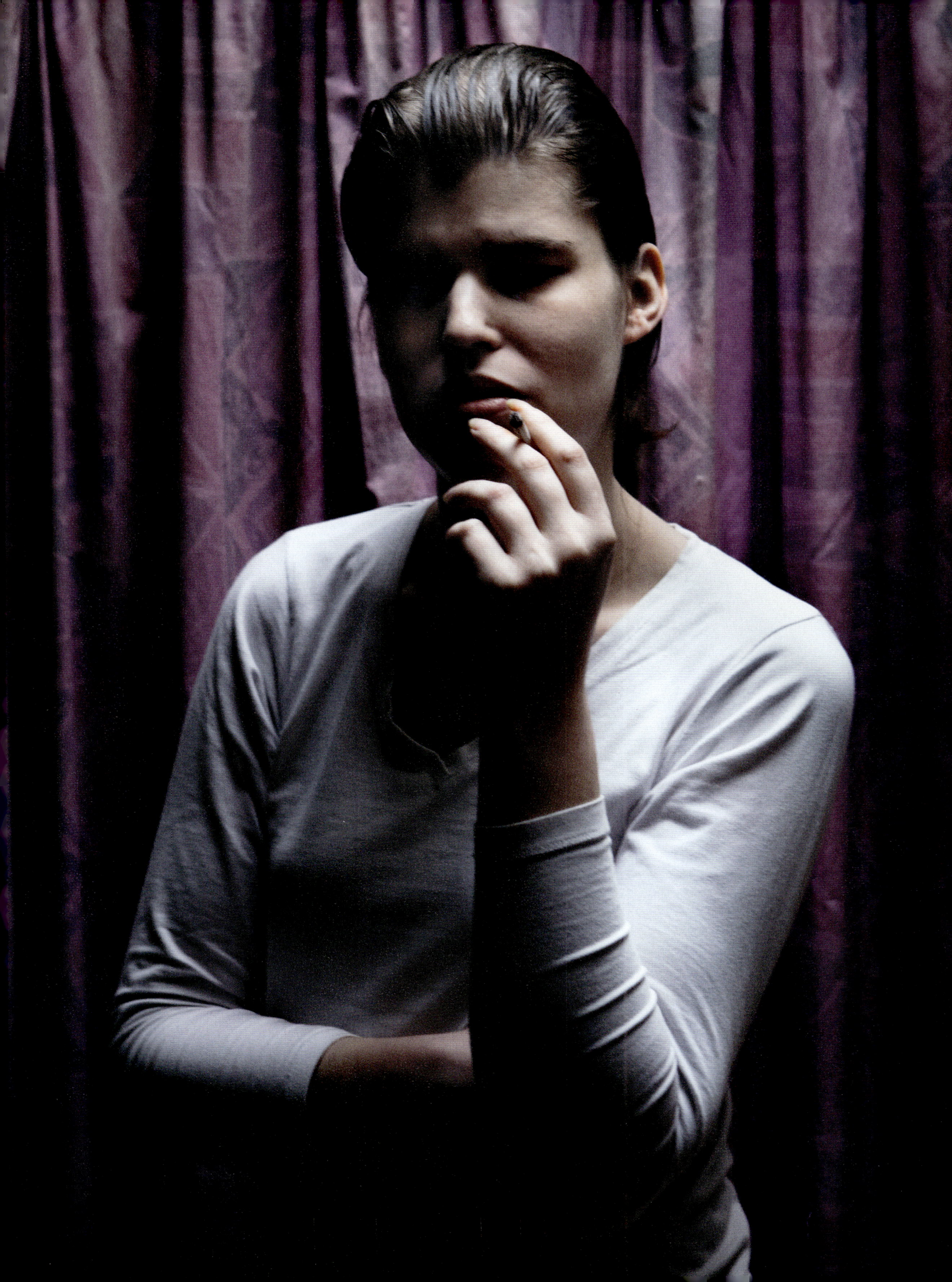

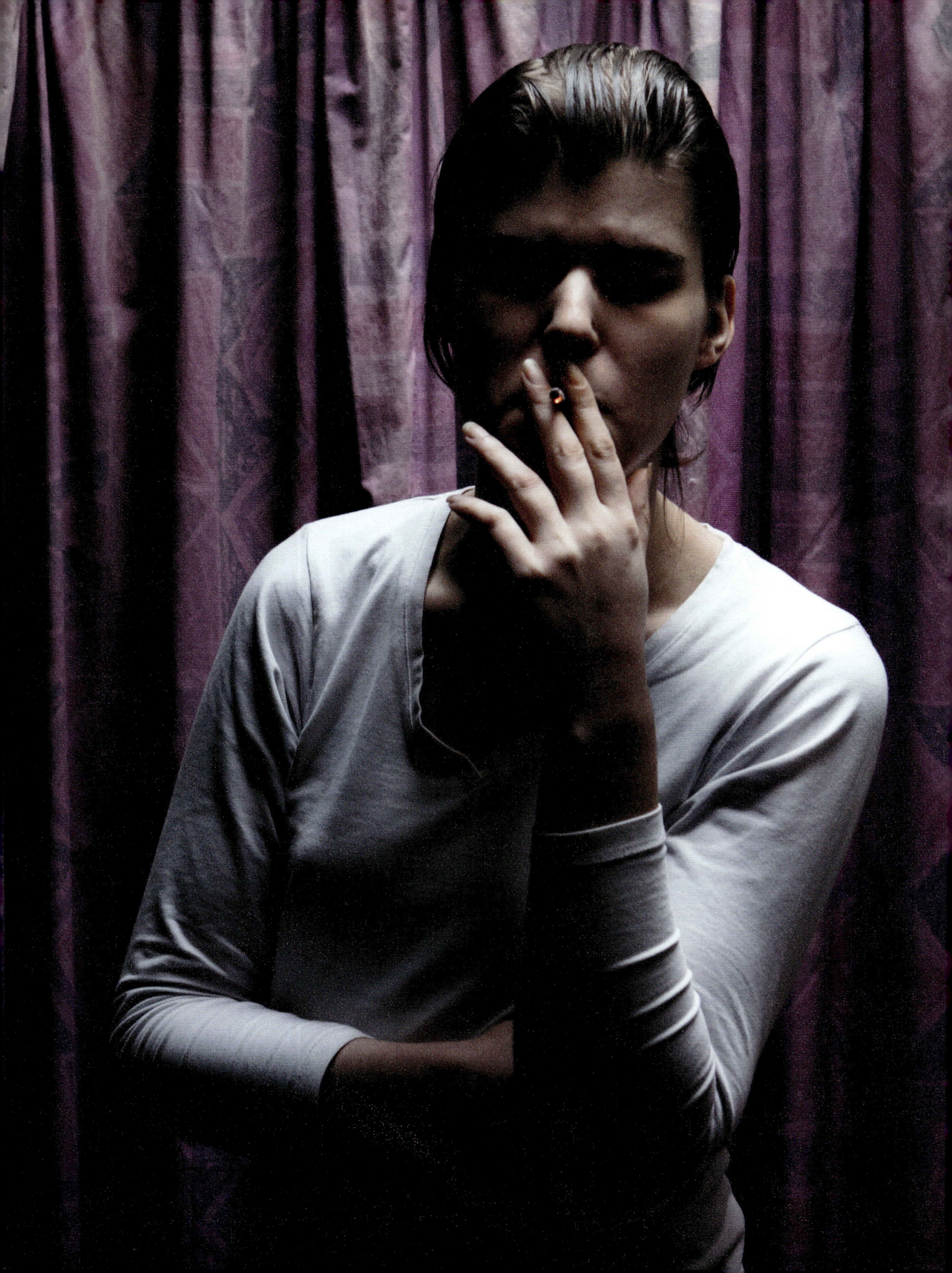

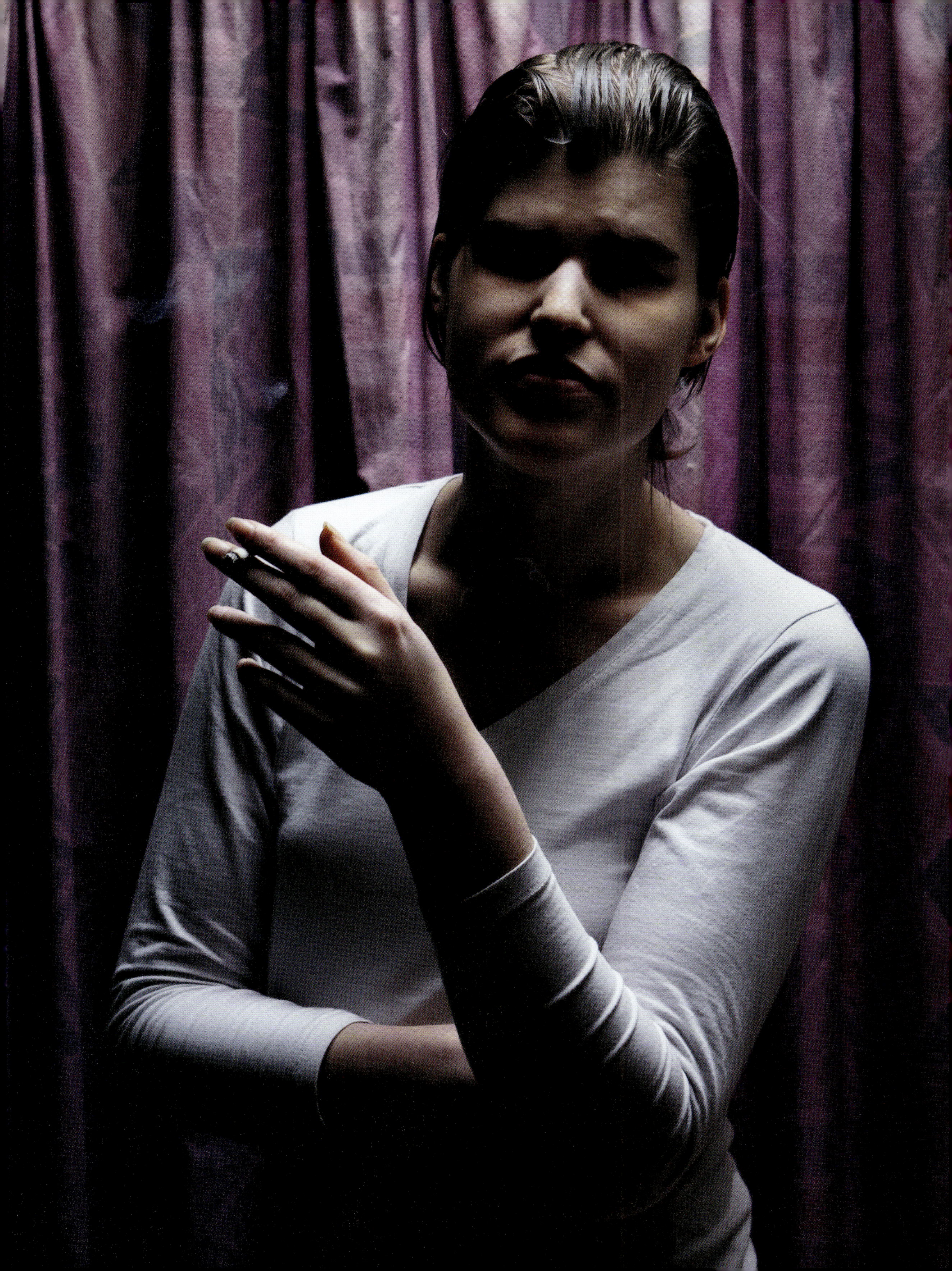

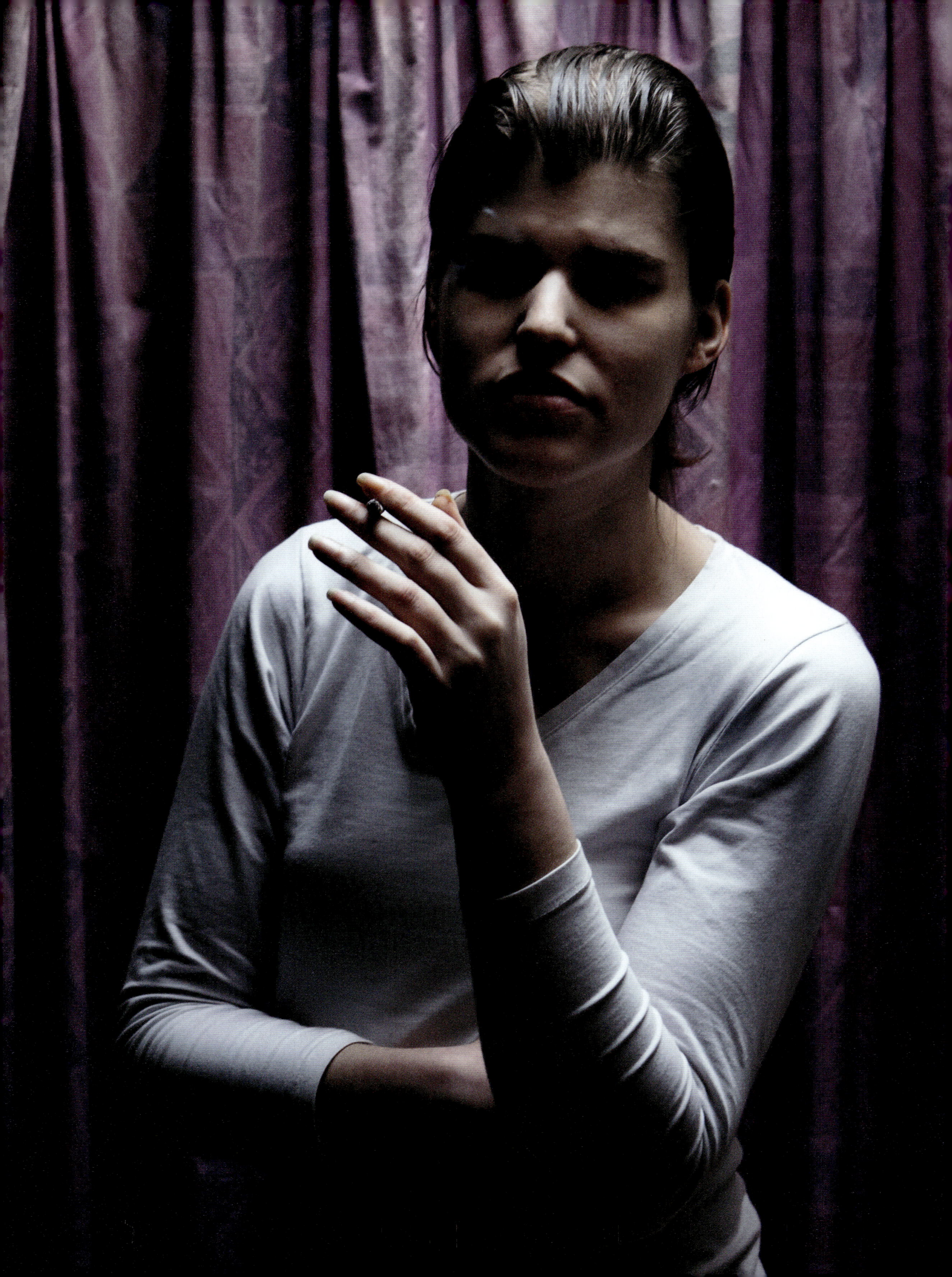

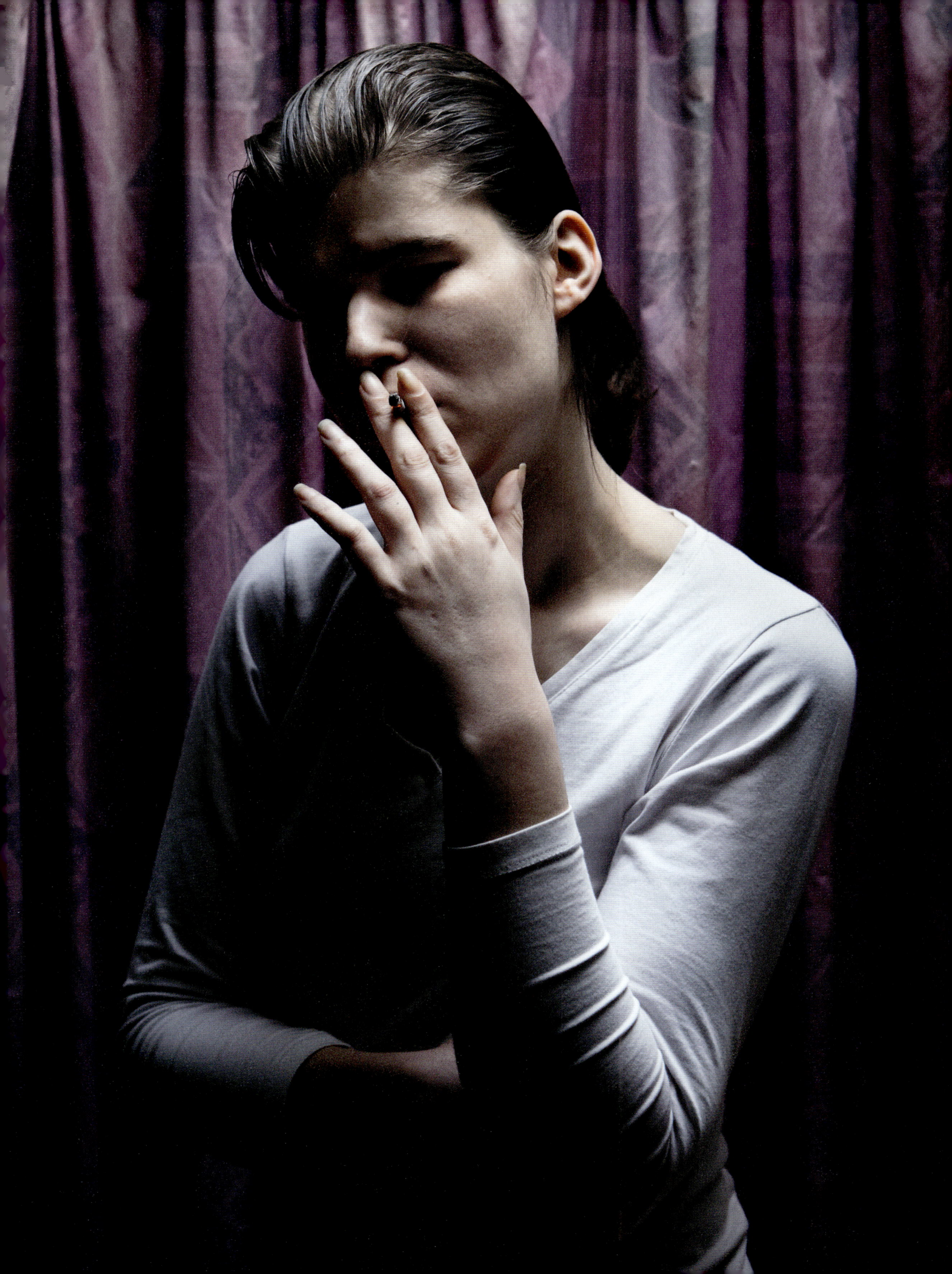

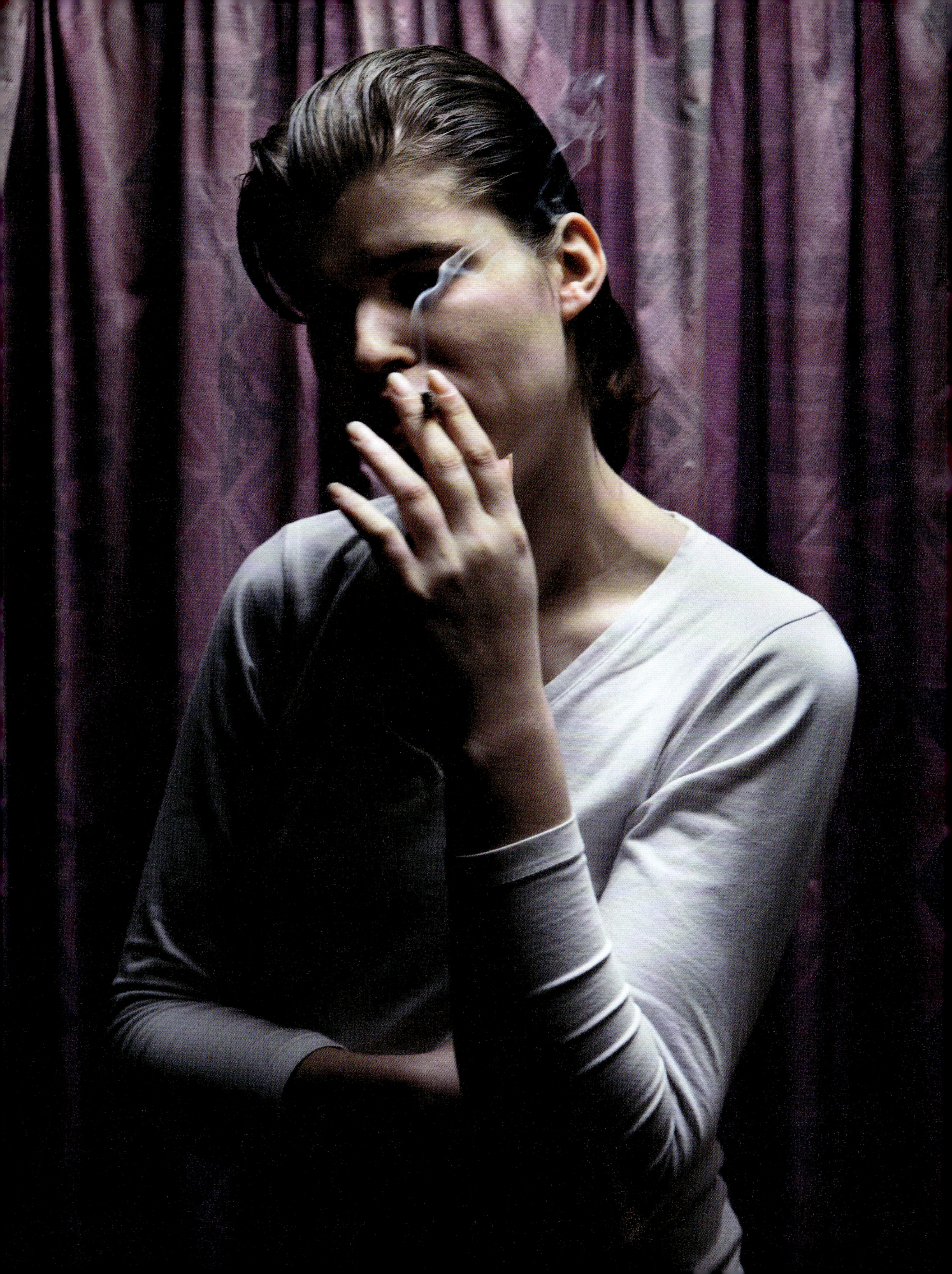

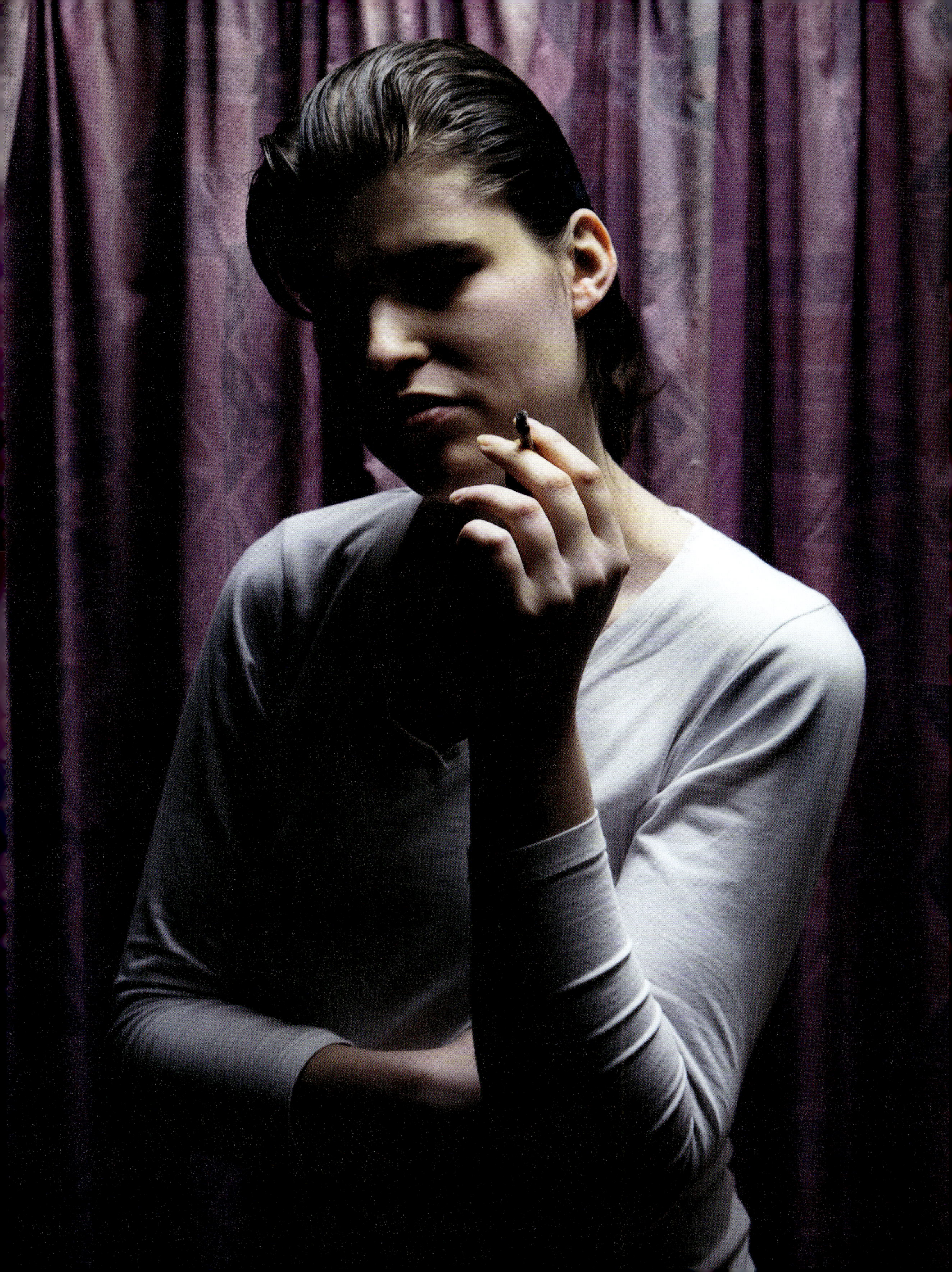

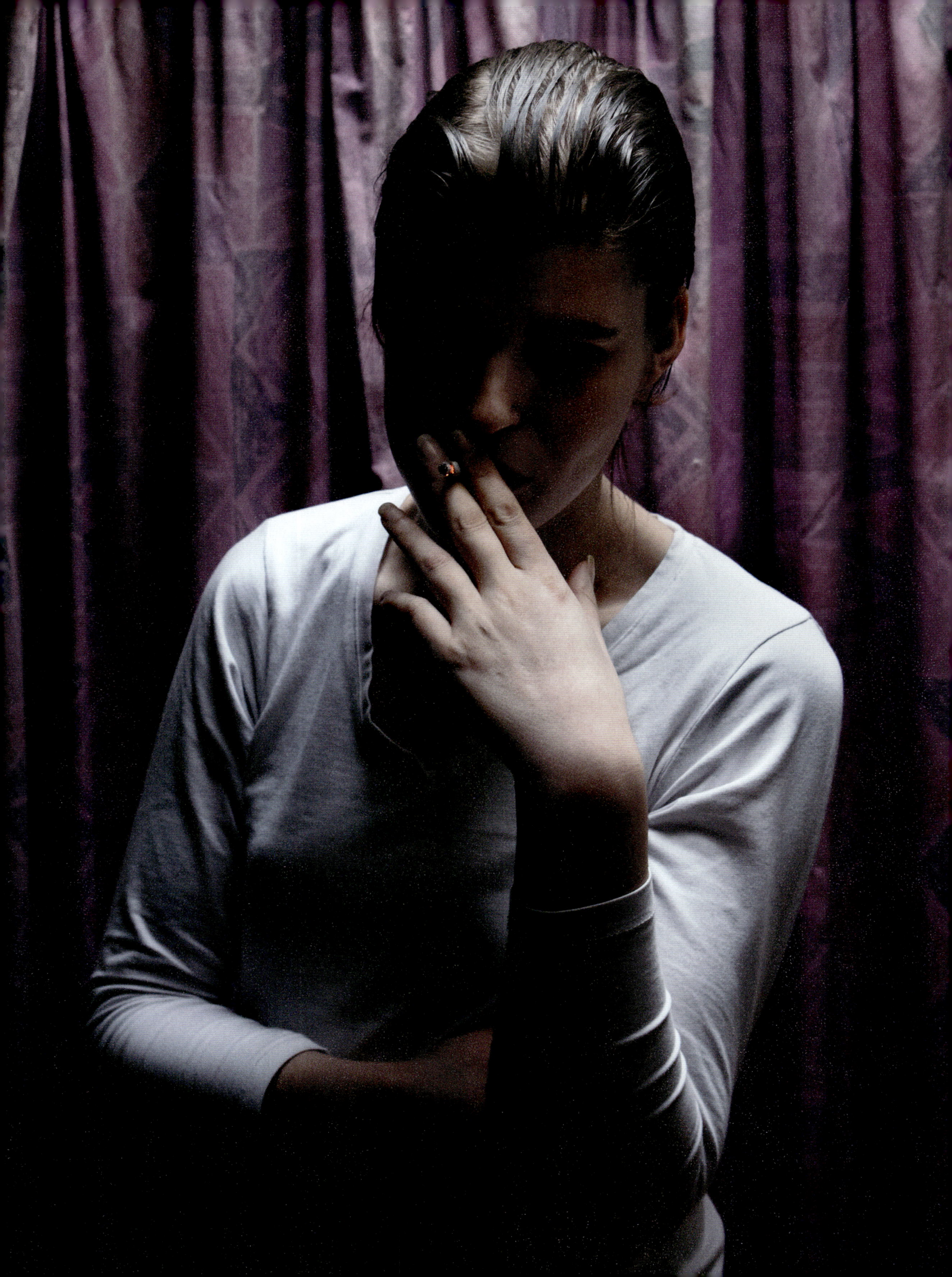

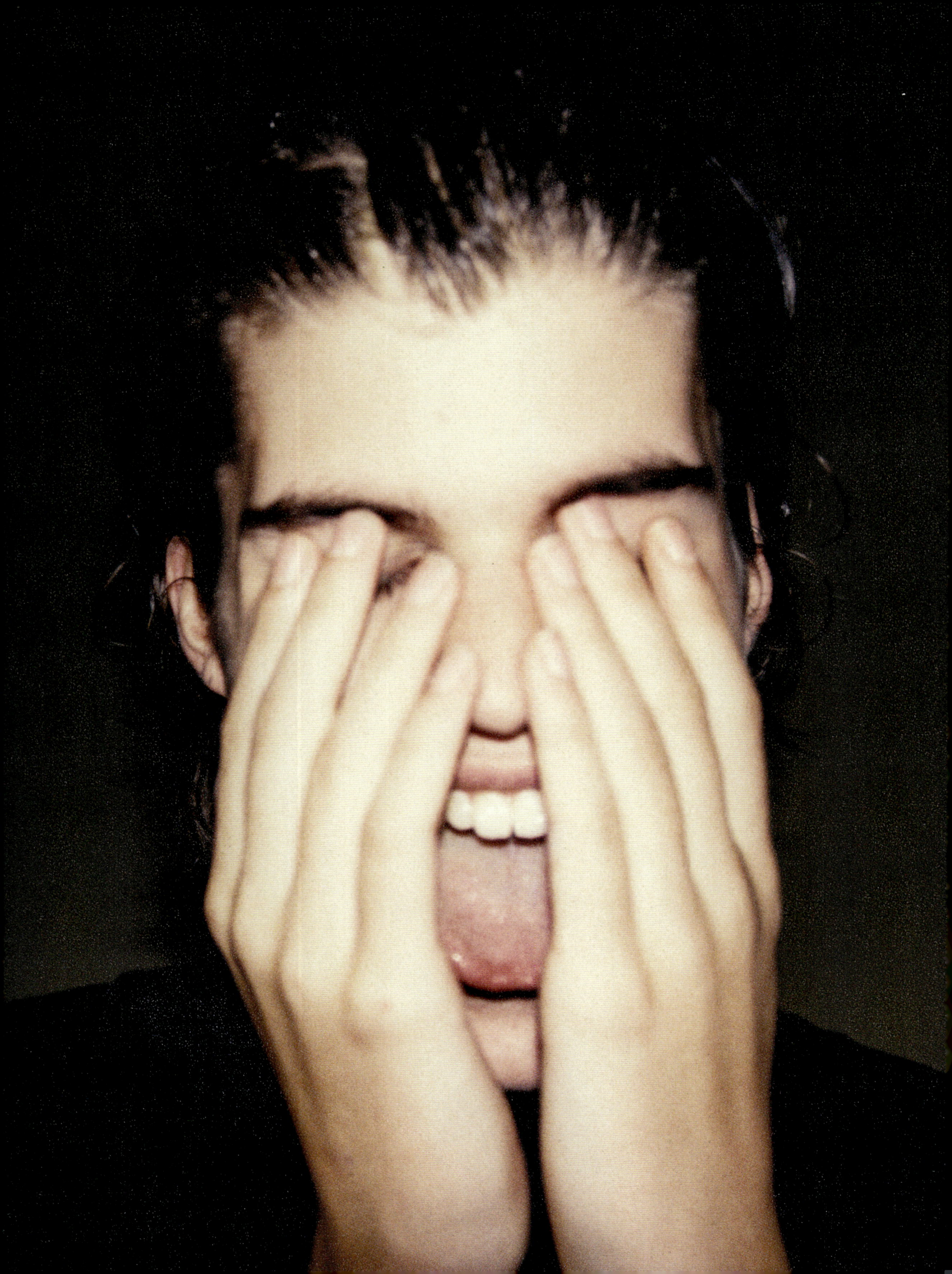

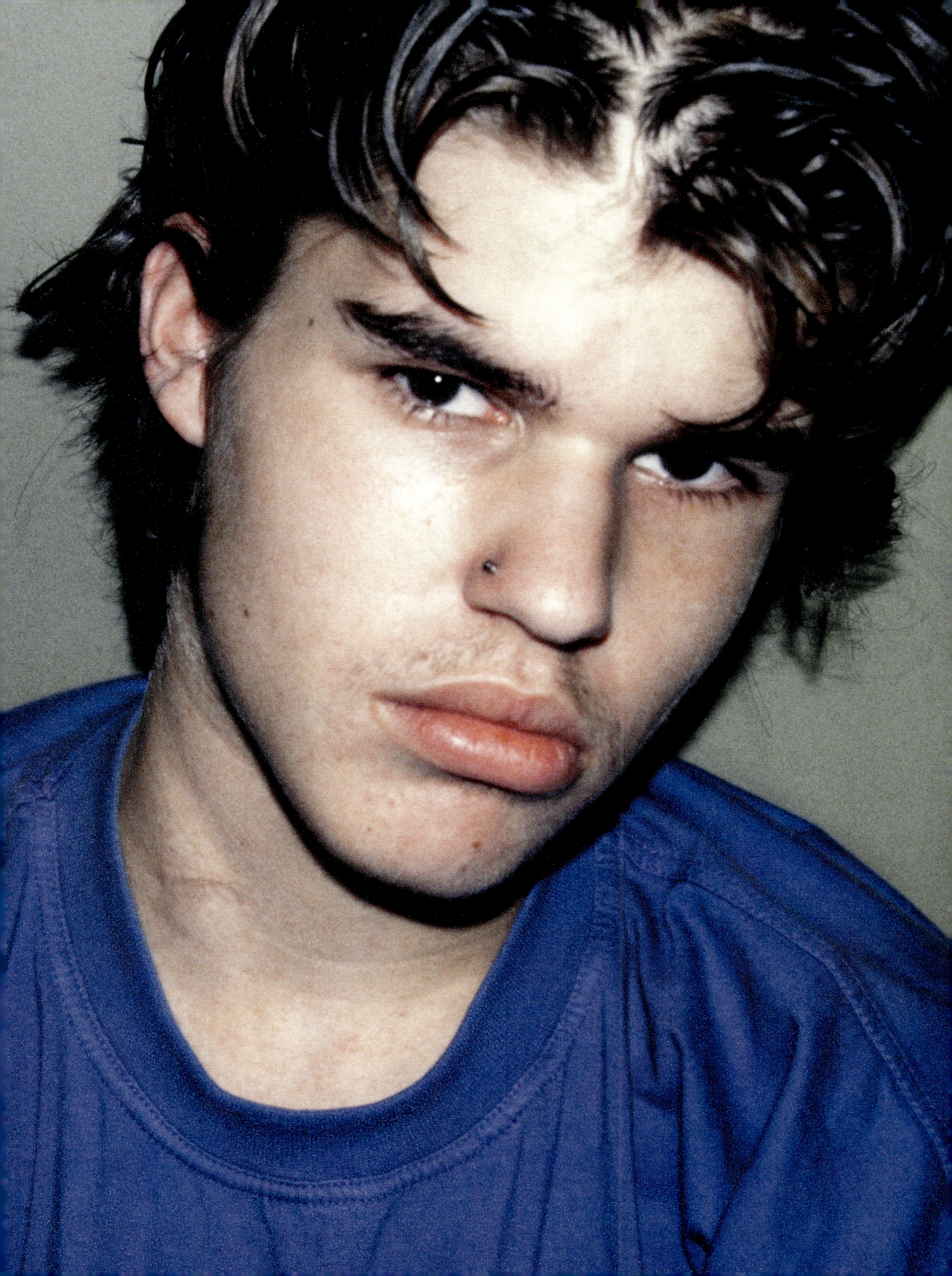

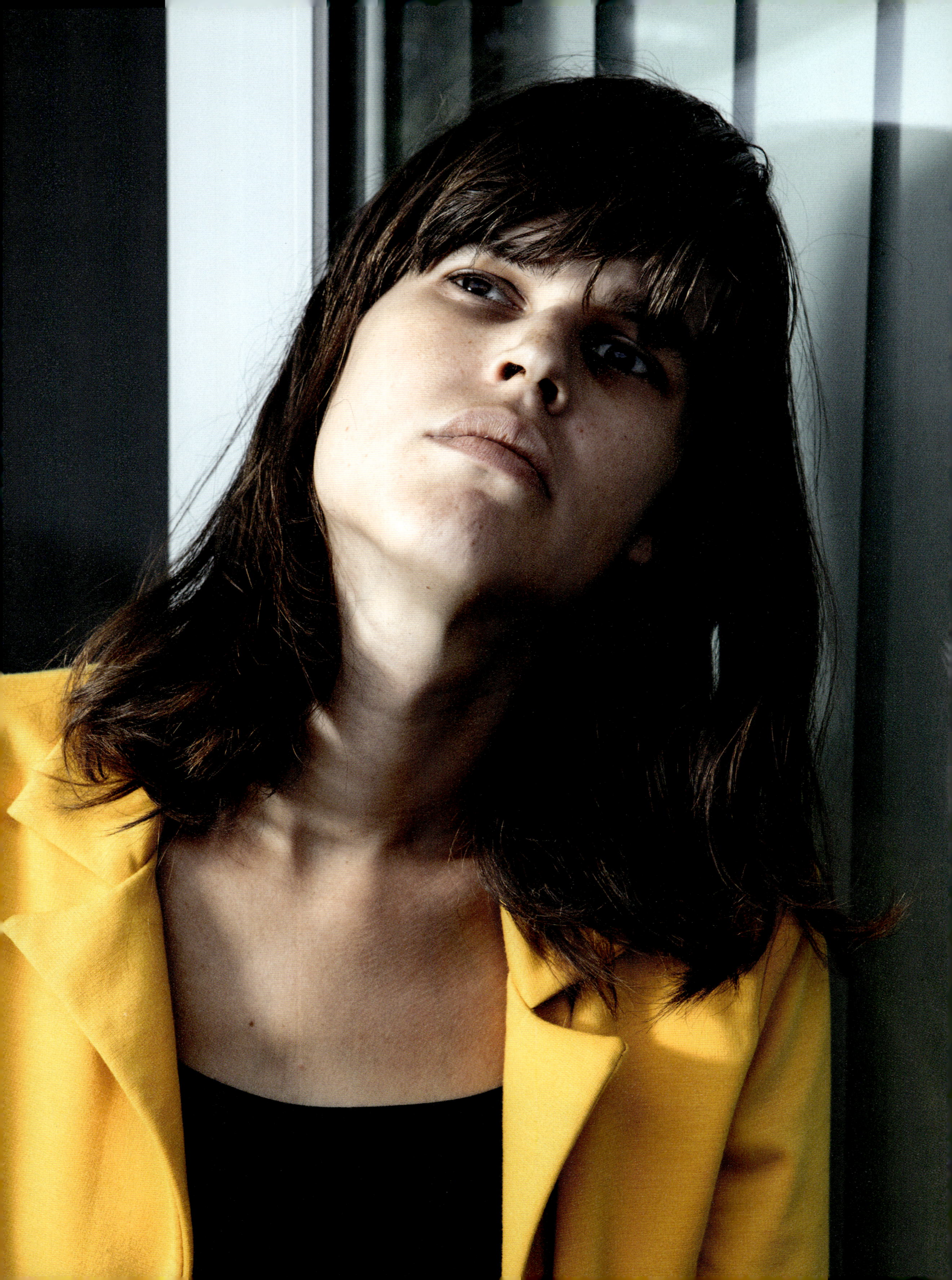

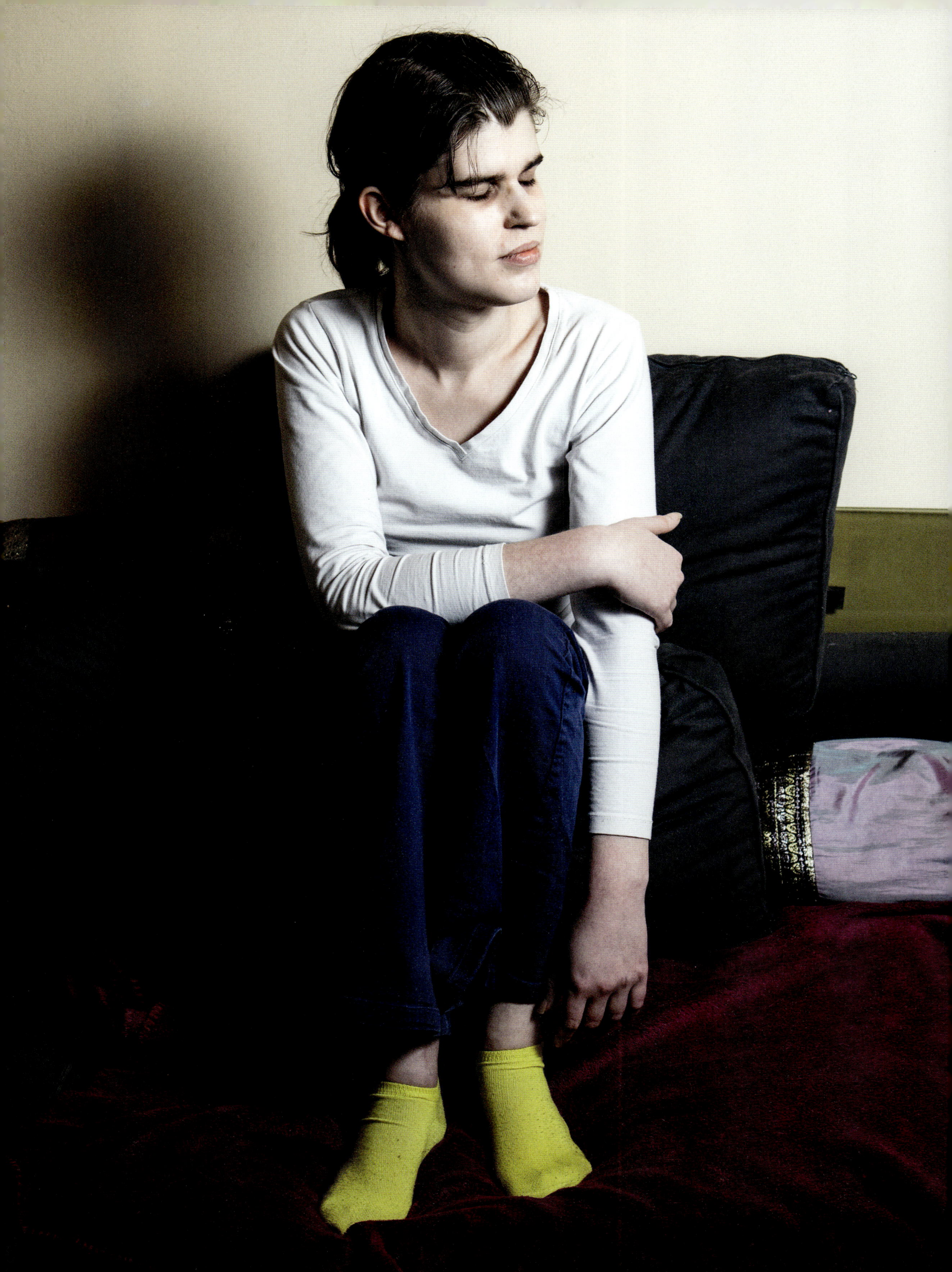

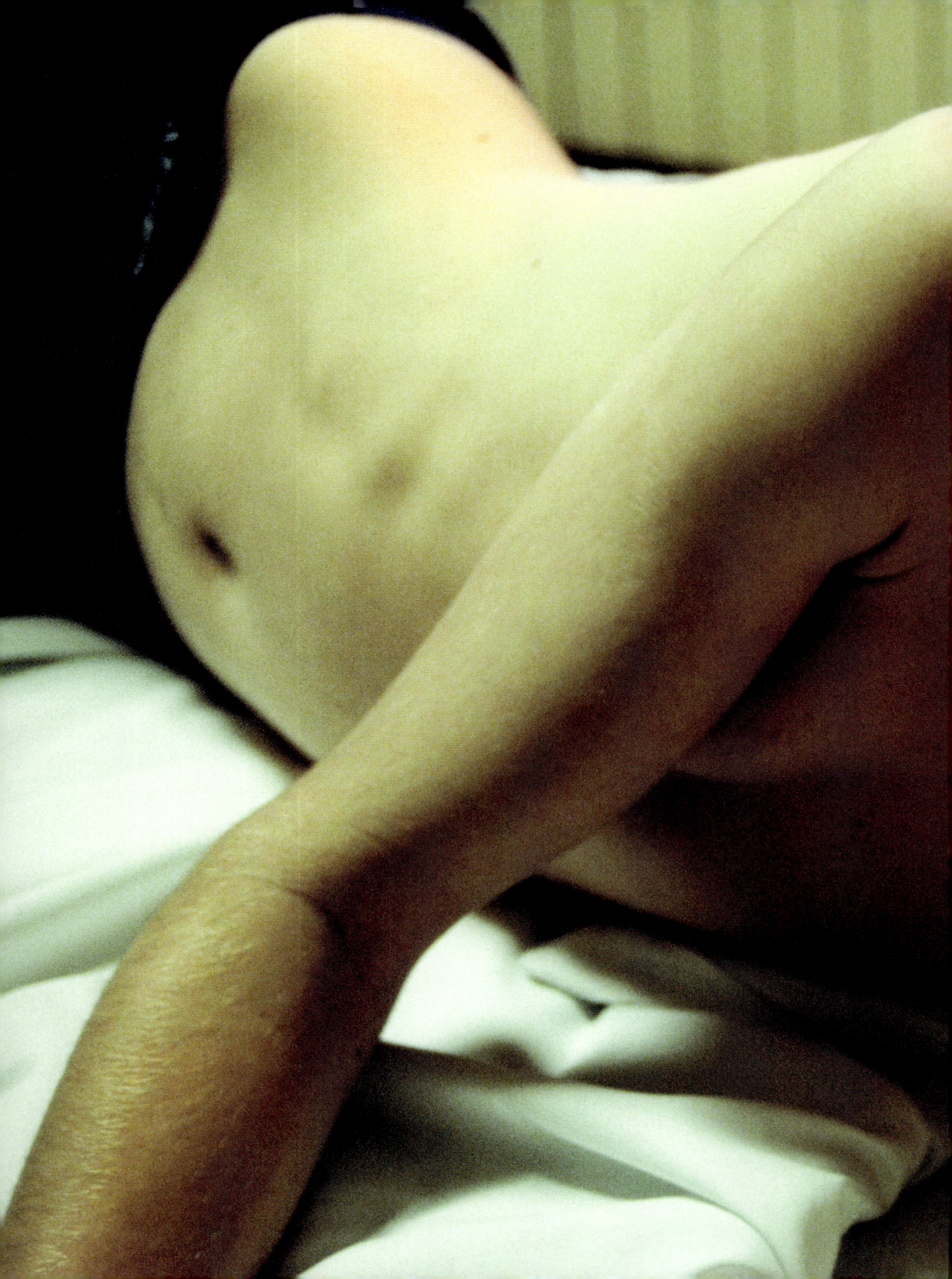

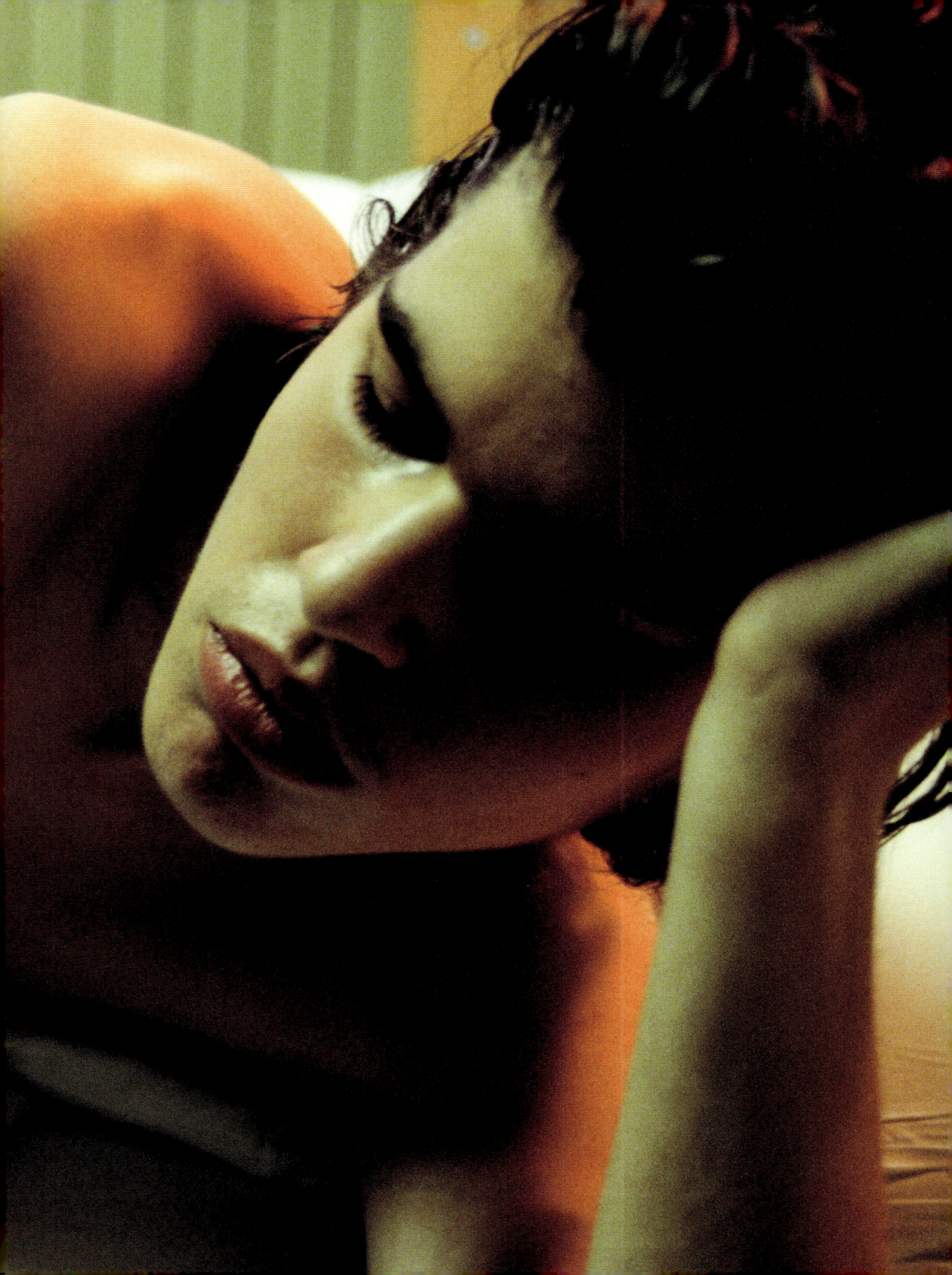

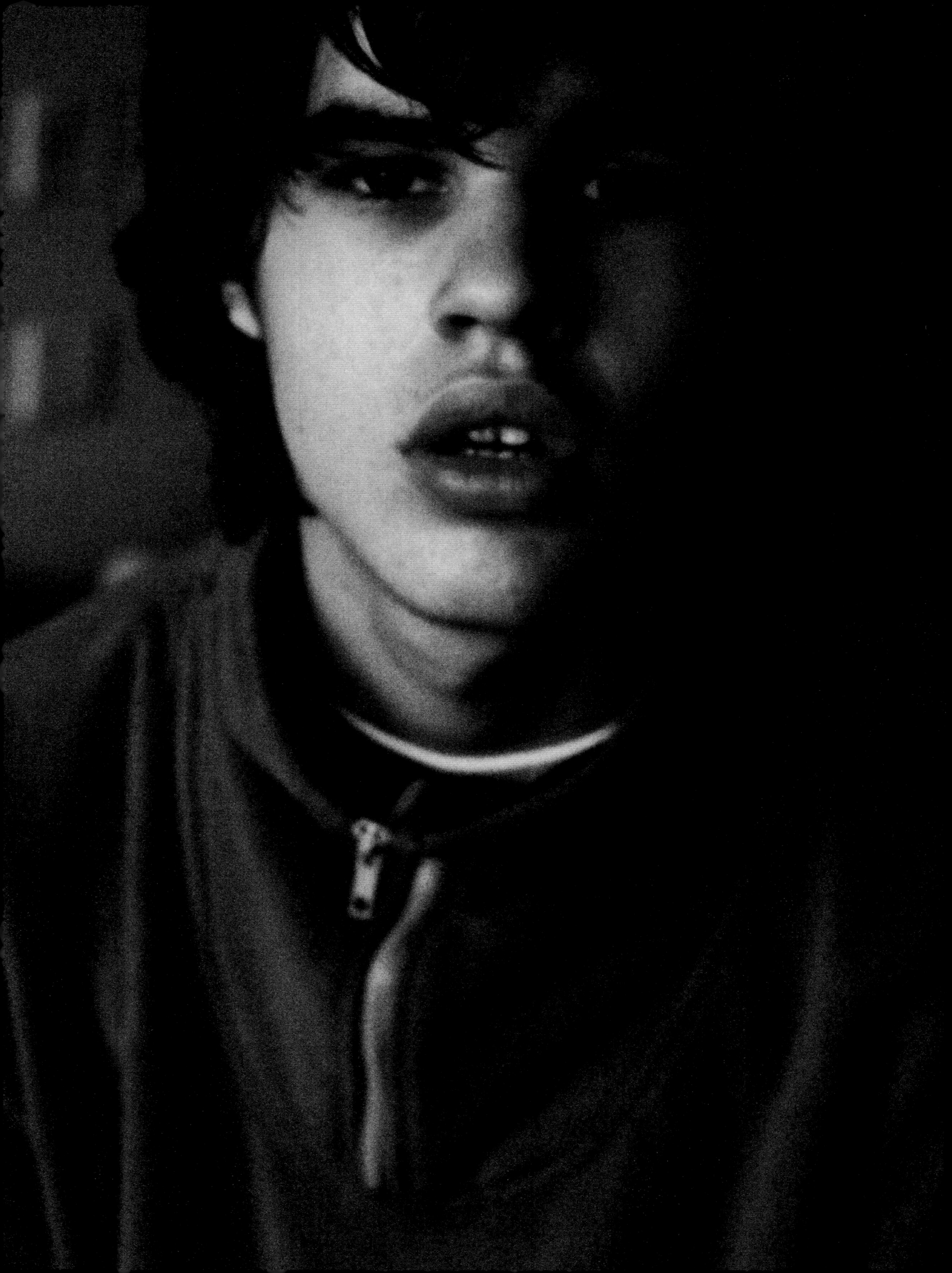

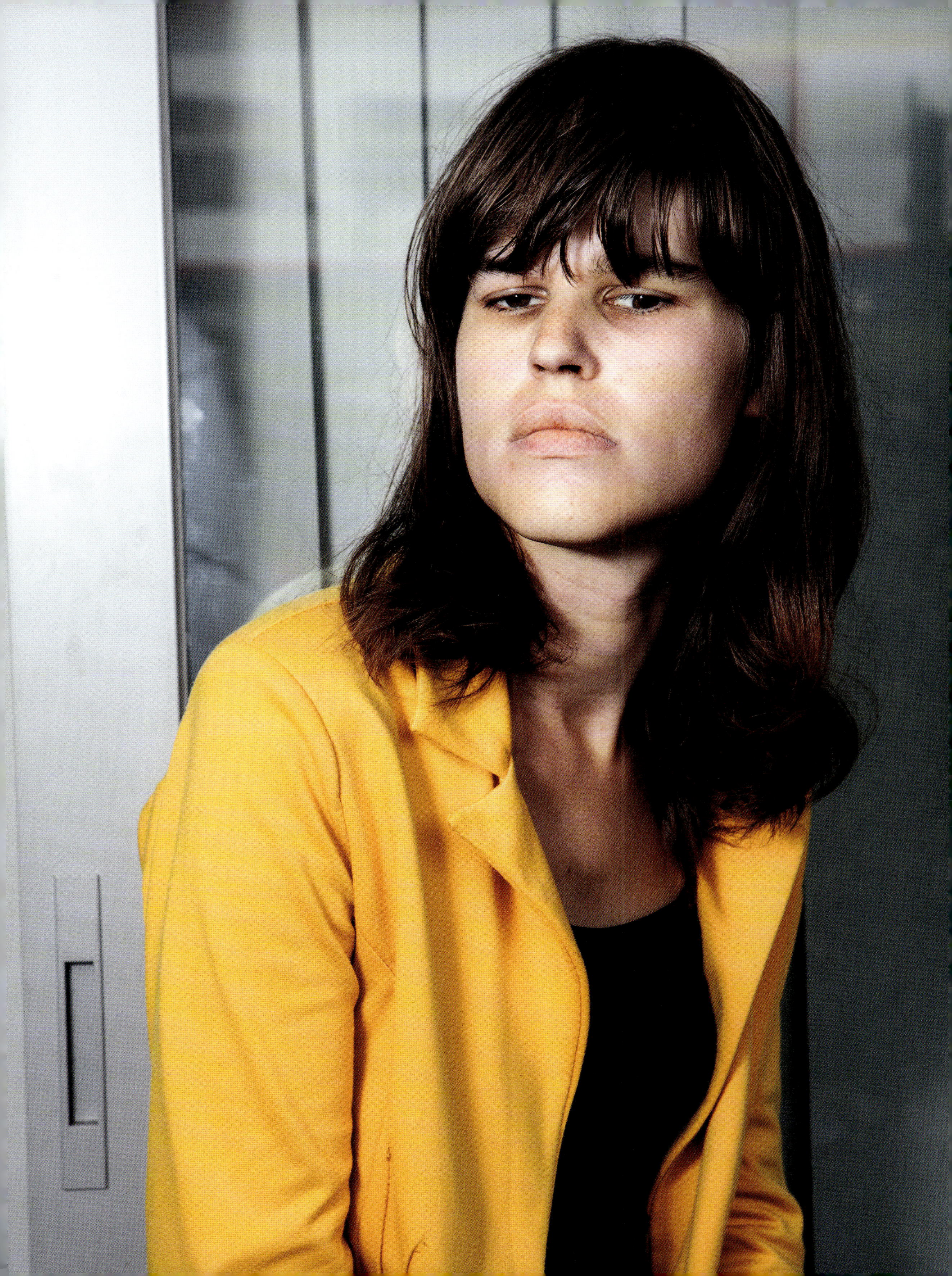

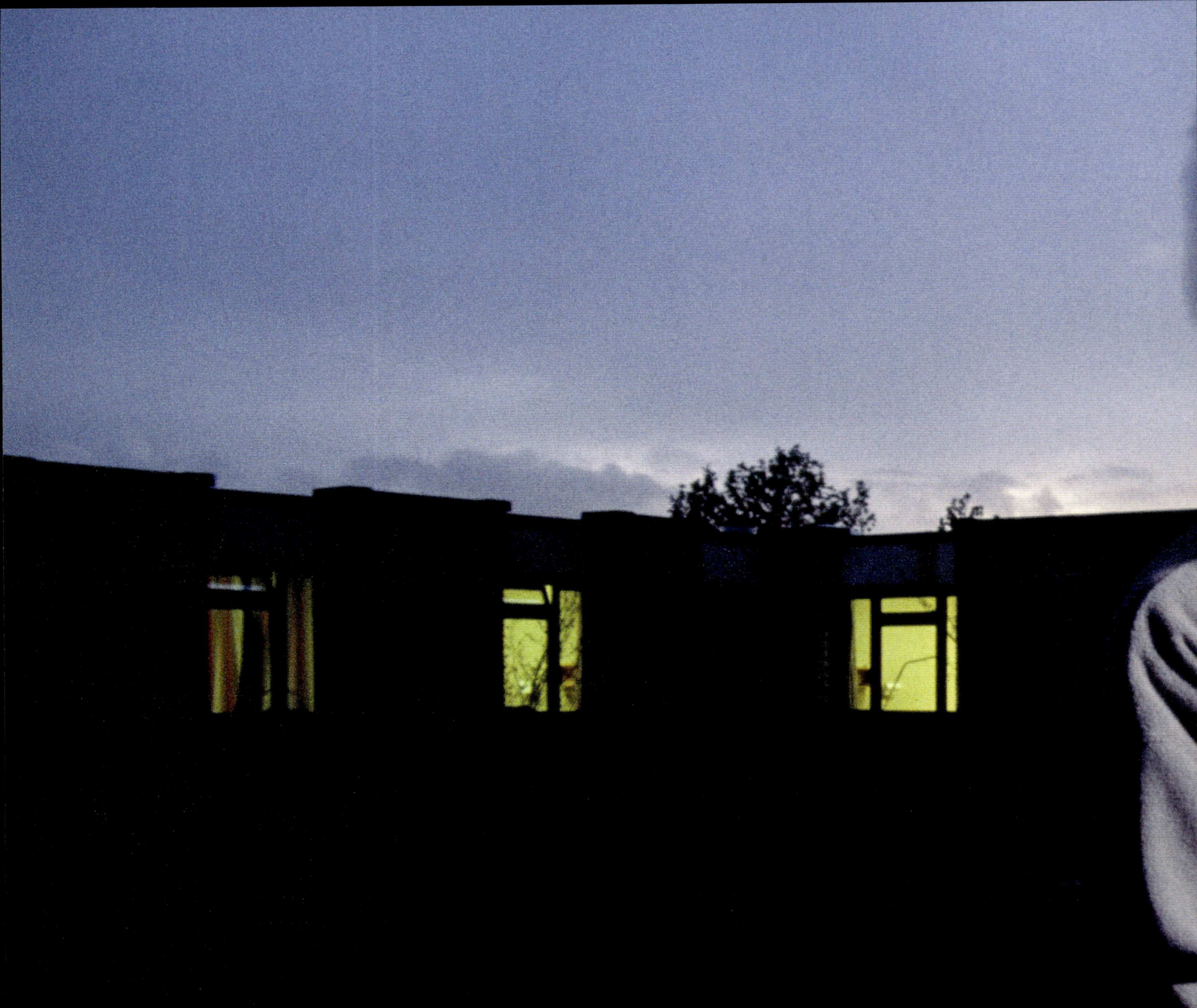

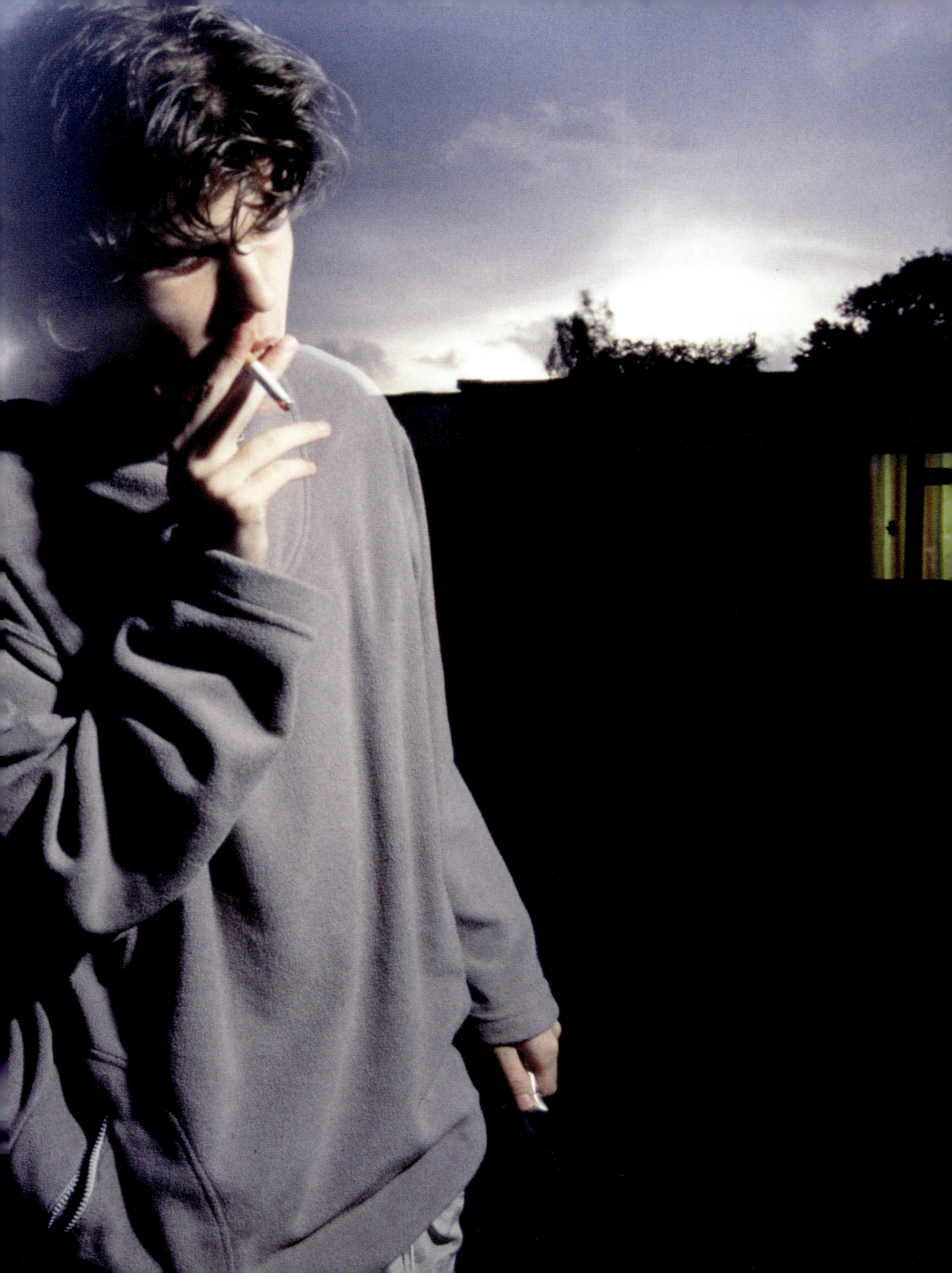

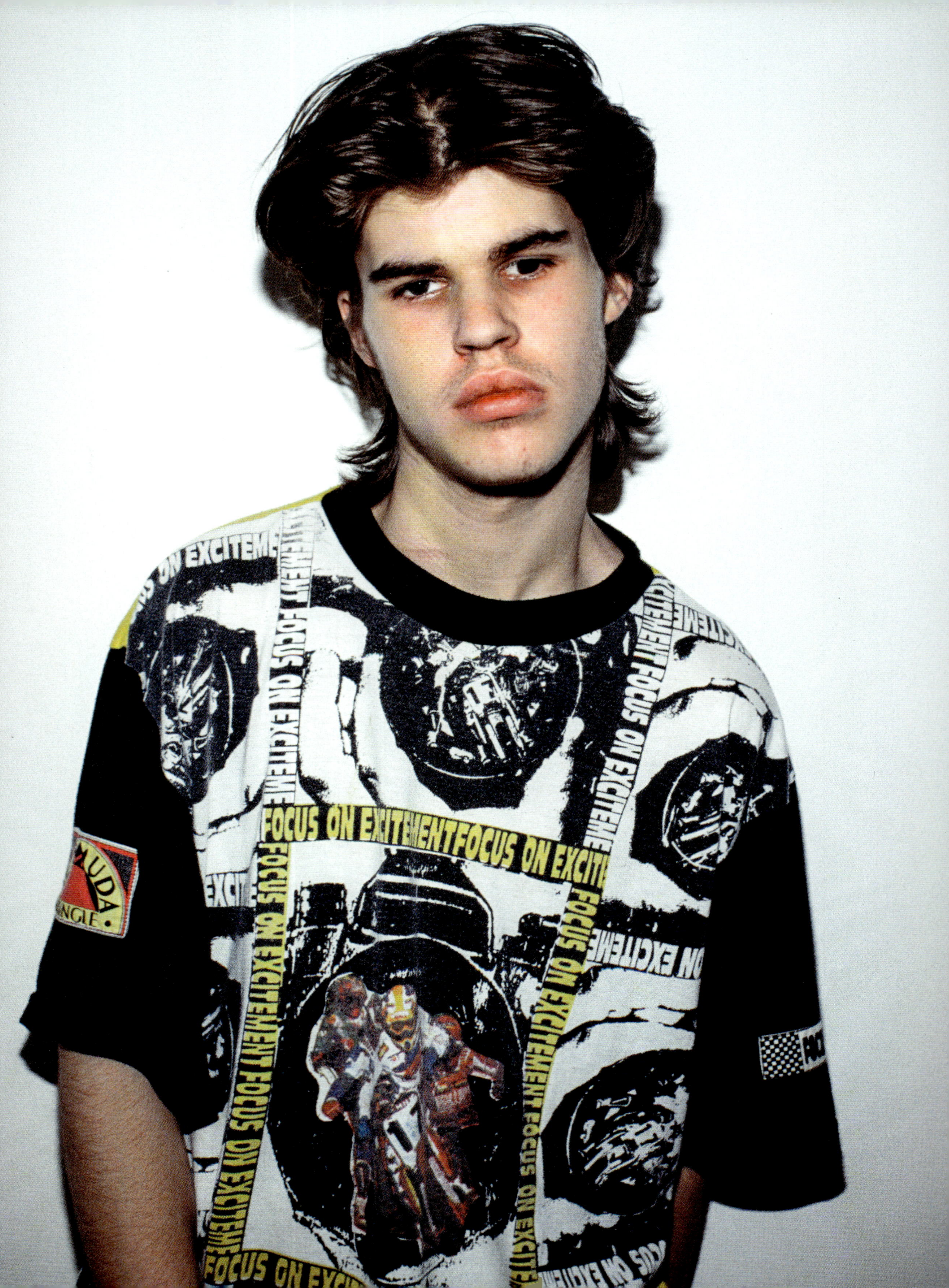
FOCUS ON EXCITEMENT
FOCUS ON EXCITEME
FOCUS ON EXCITEMENTFOCUS ON EXCIT
ON EXCITEME
FOCUS ON EXCITEME
FOCUS ON EXCITEME
FOCUS ON EXCITEM
MUDA
ANGLE

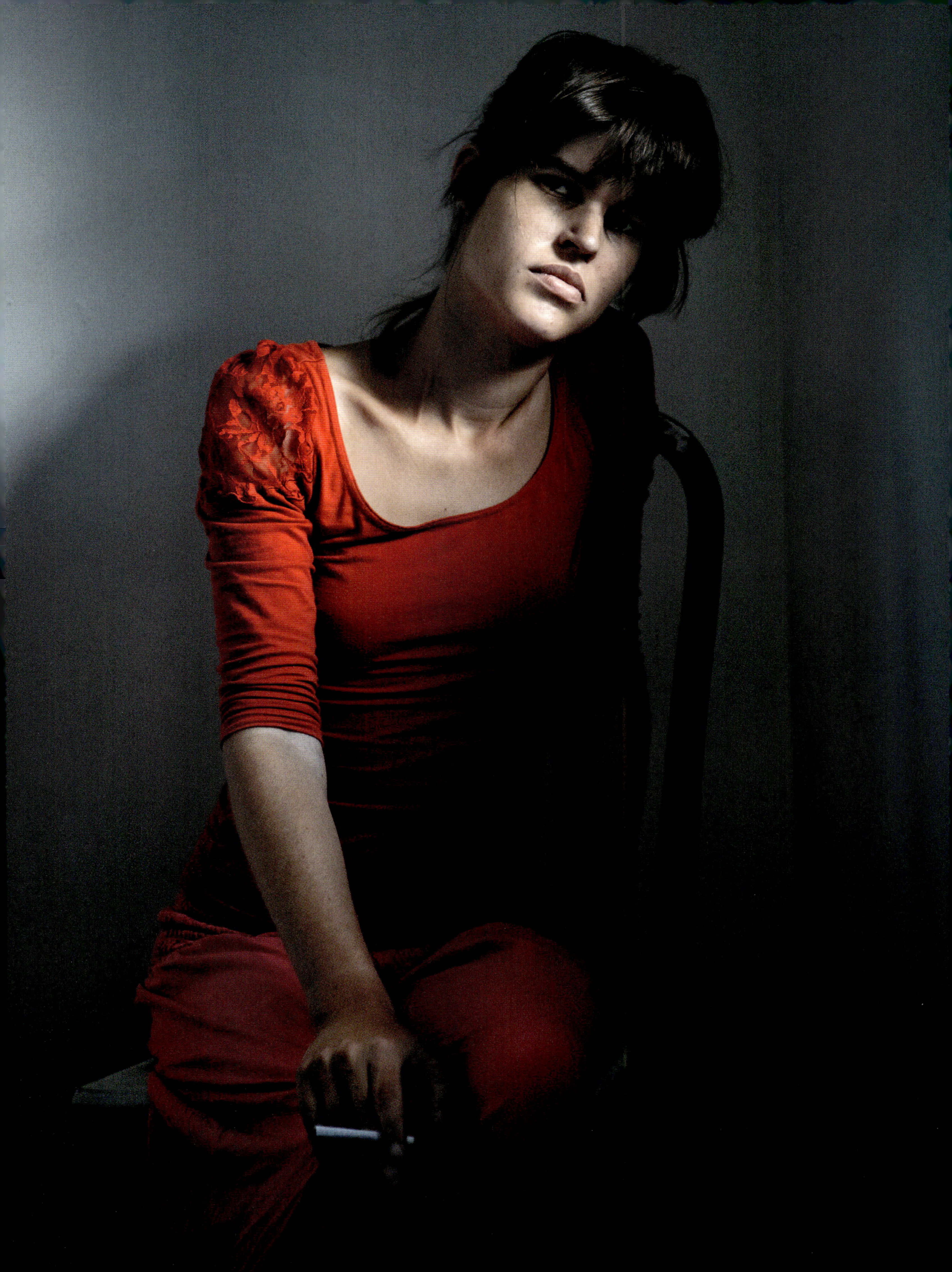

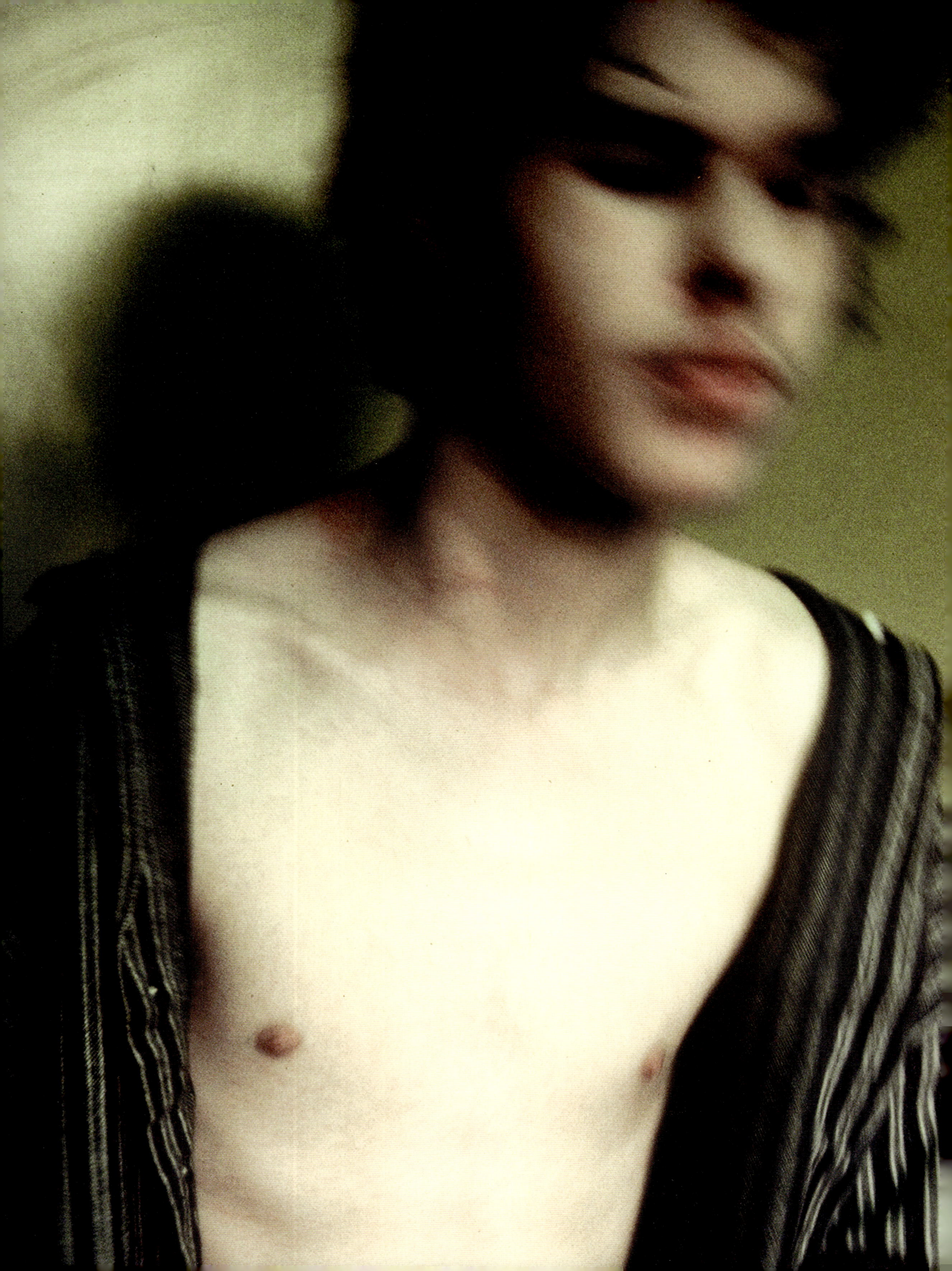

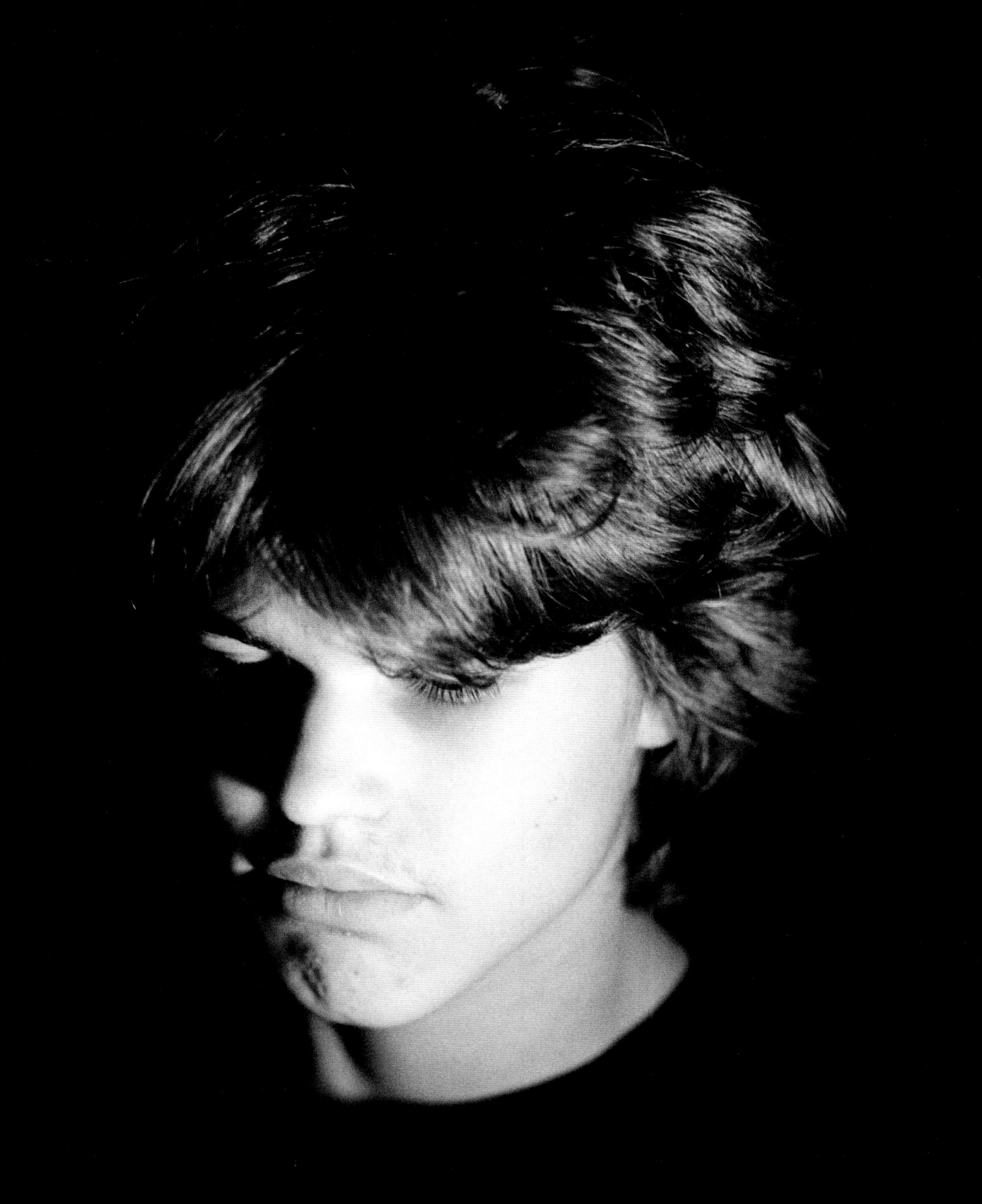

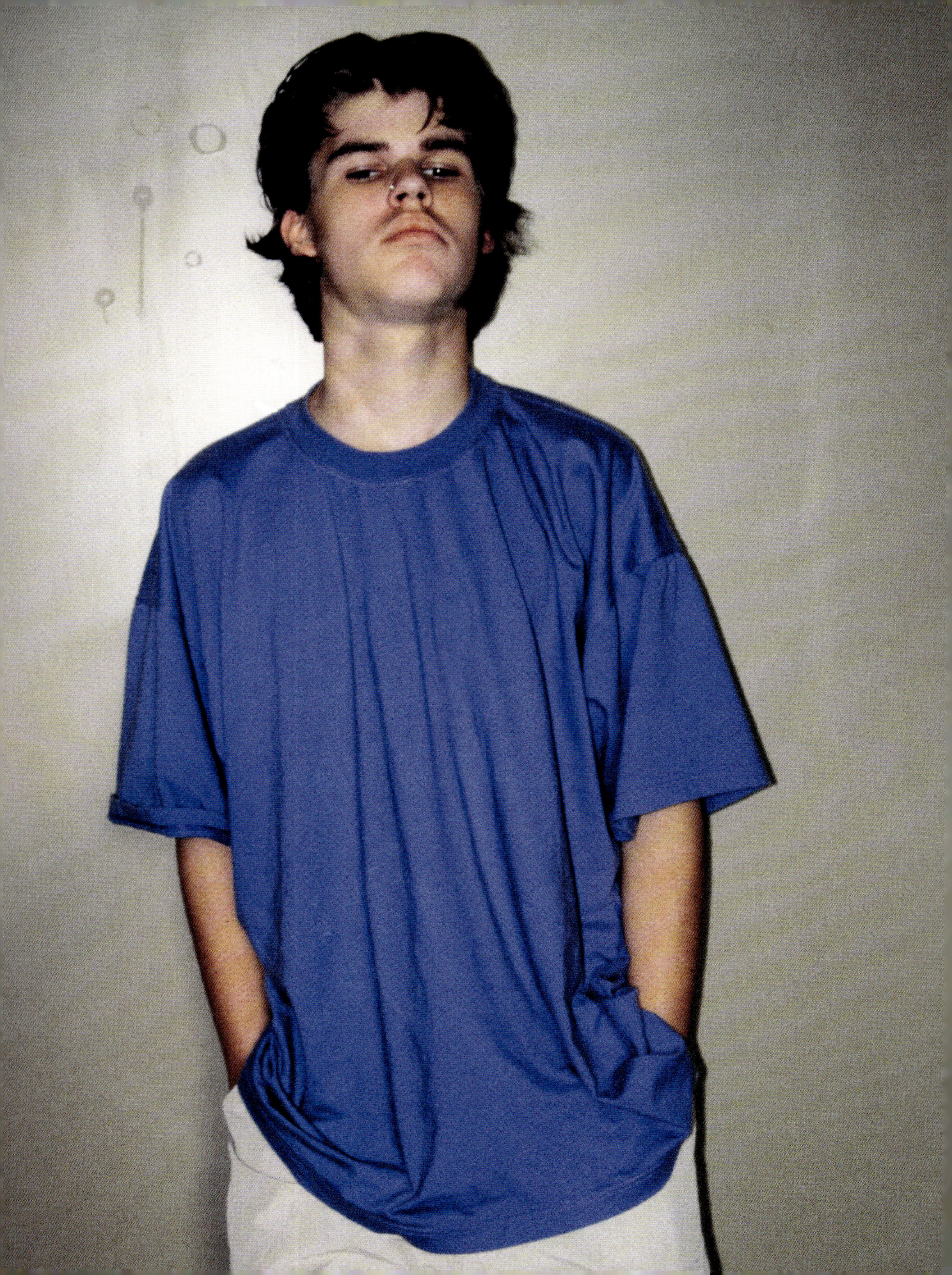

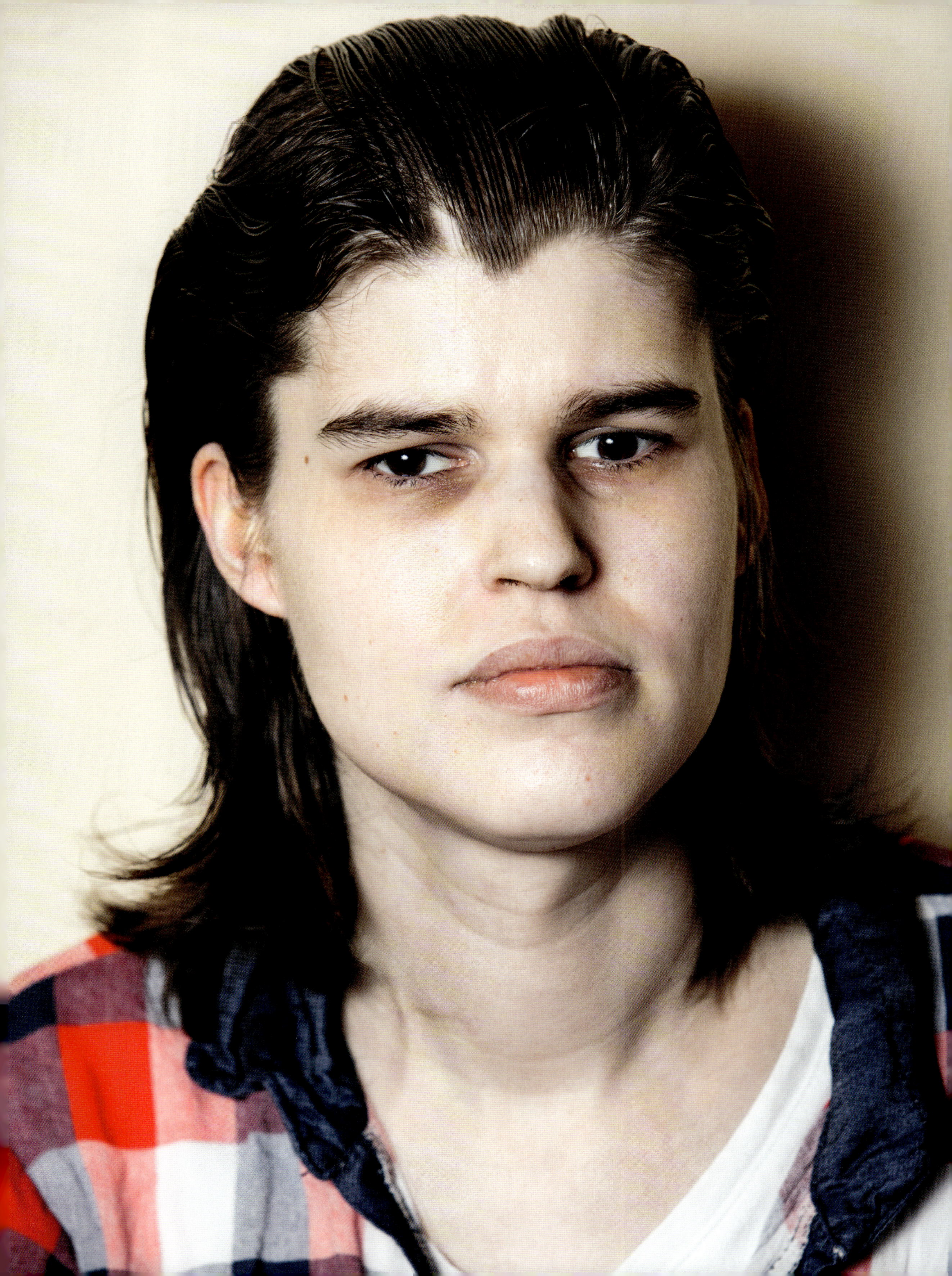

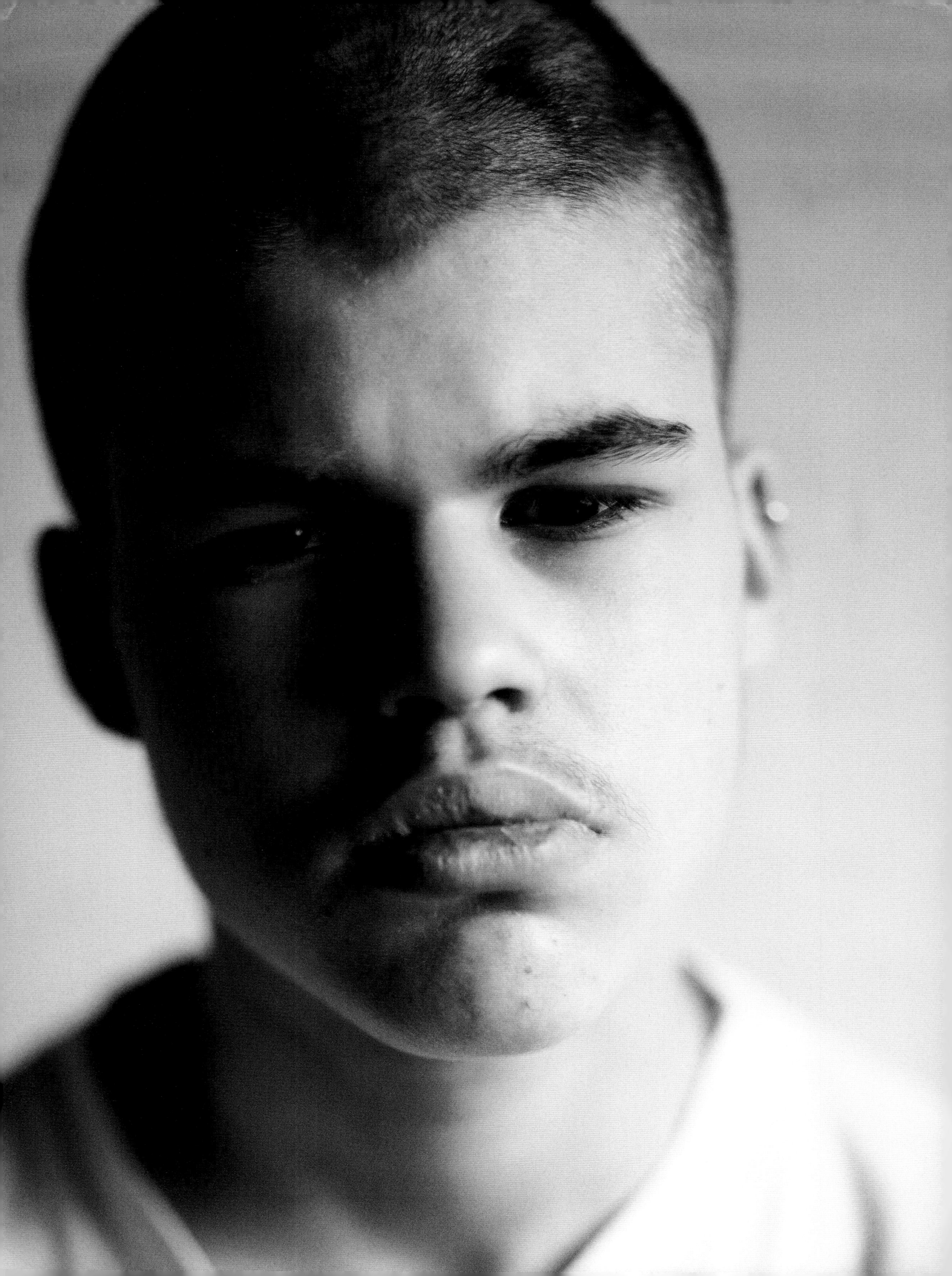

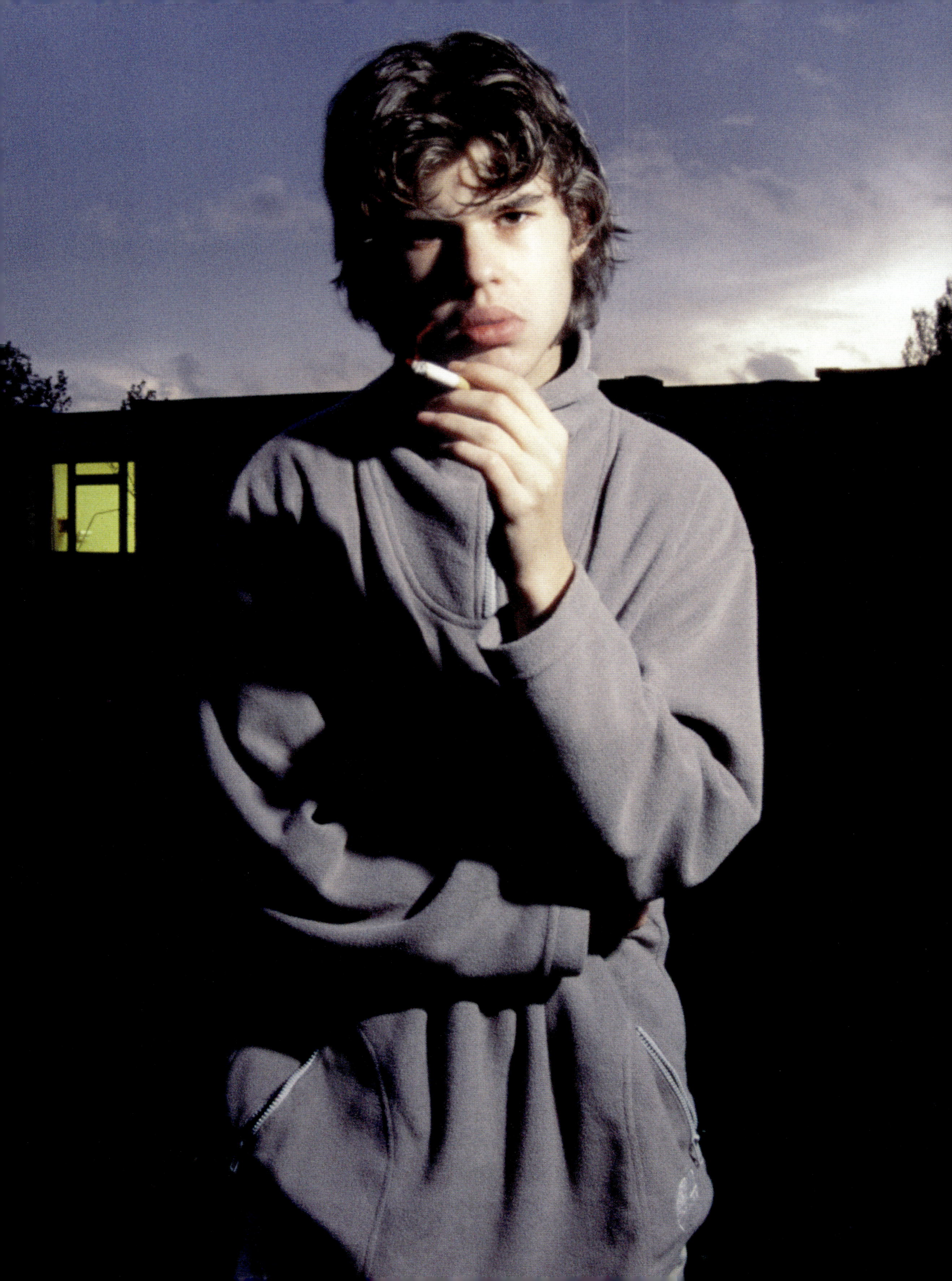

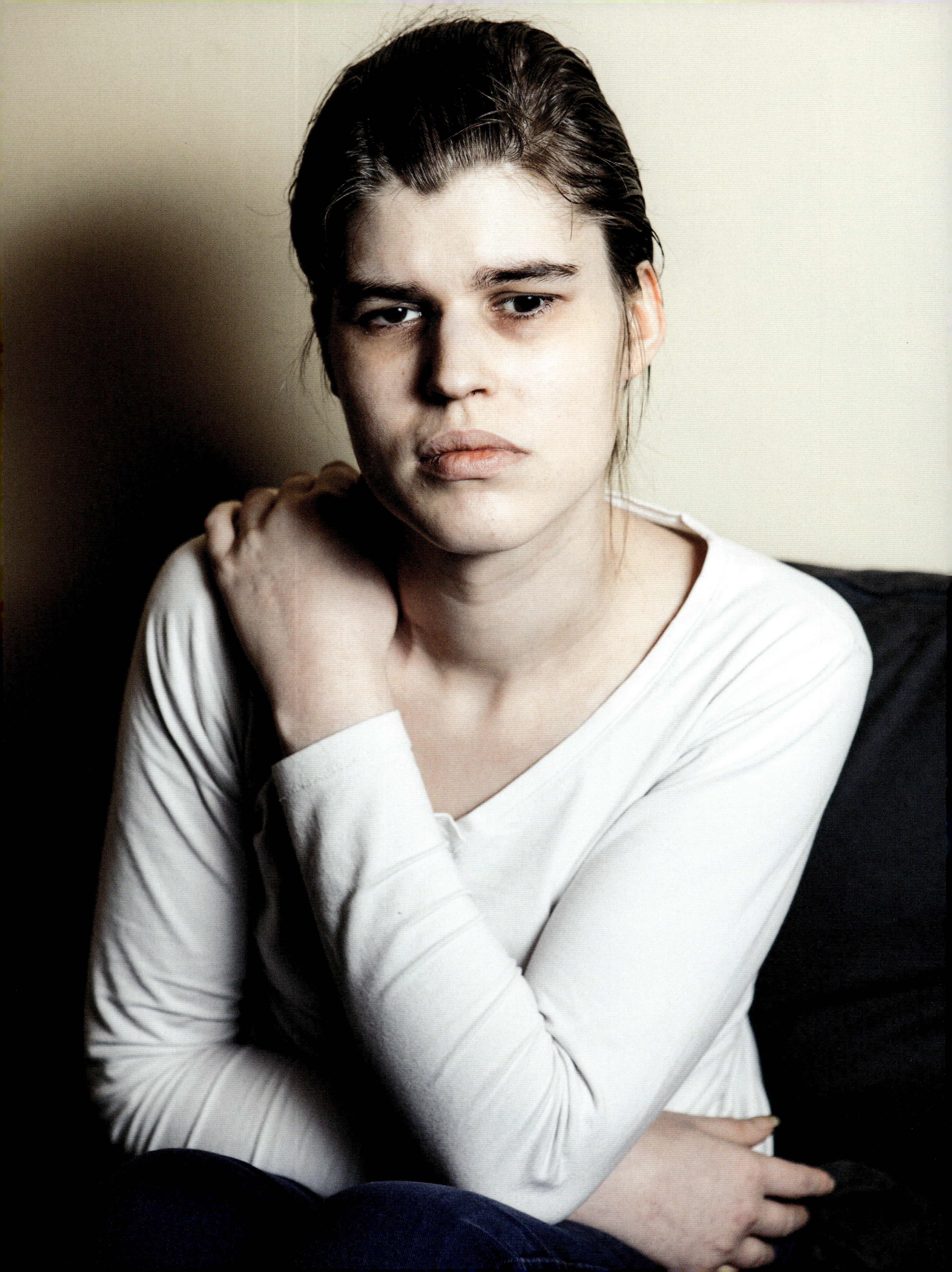

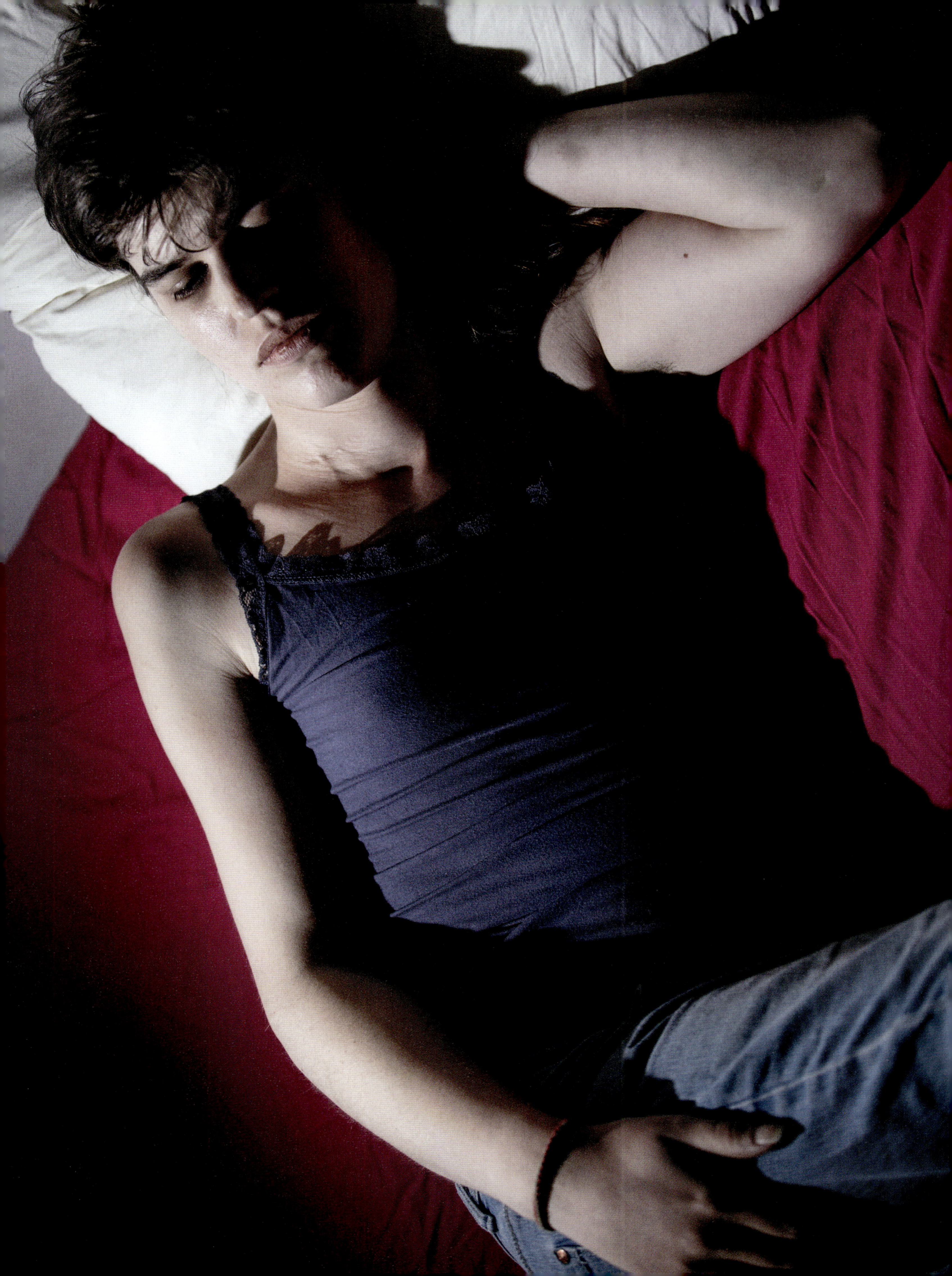

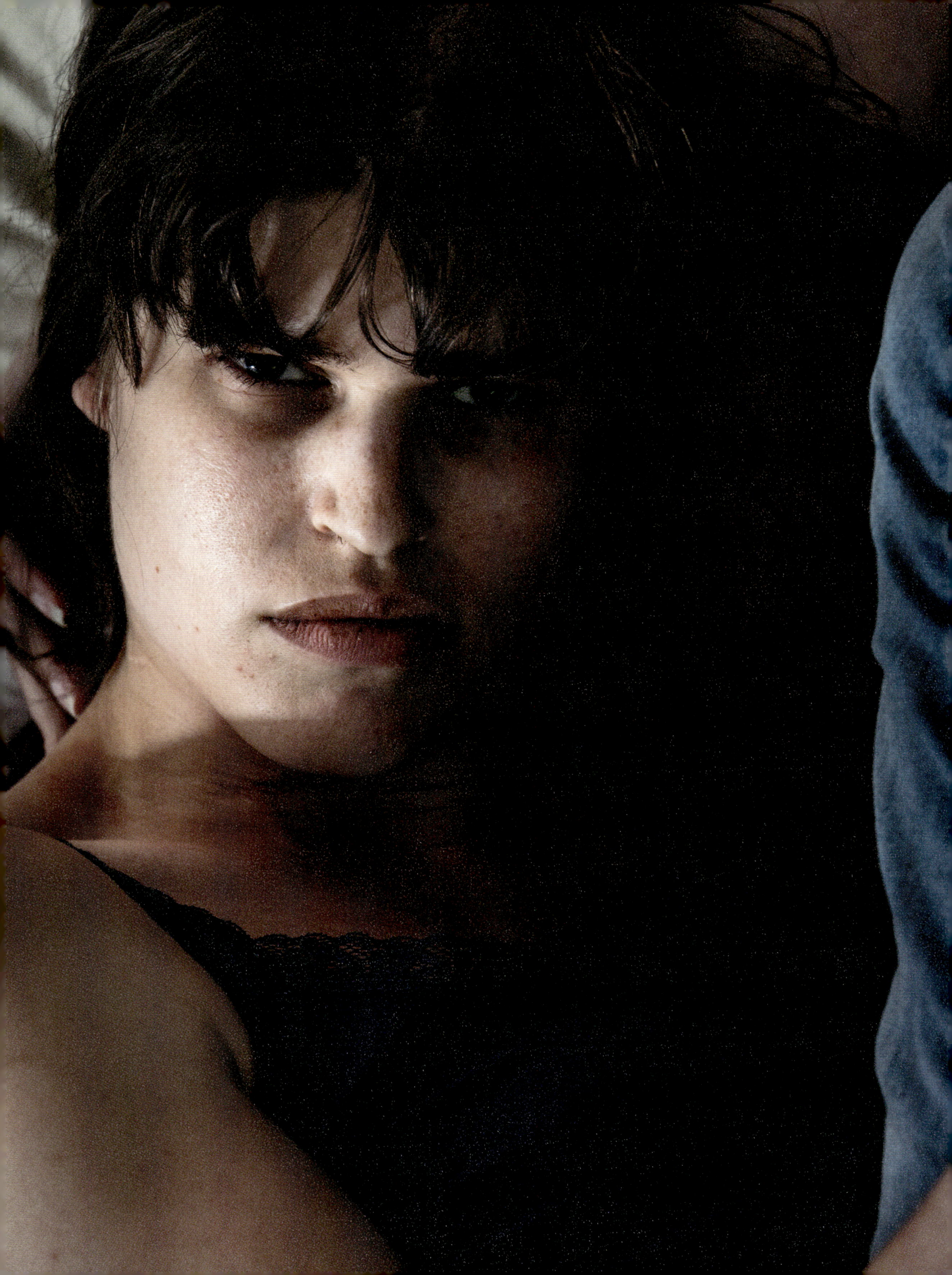

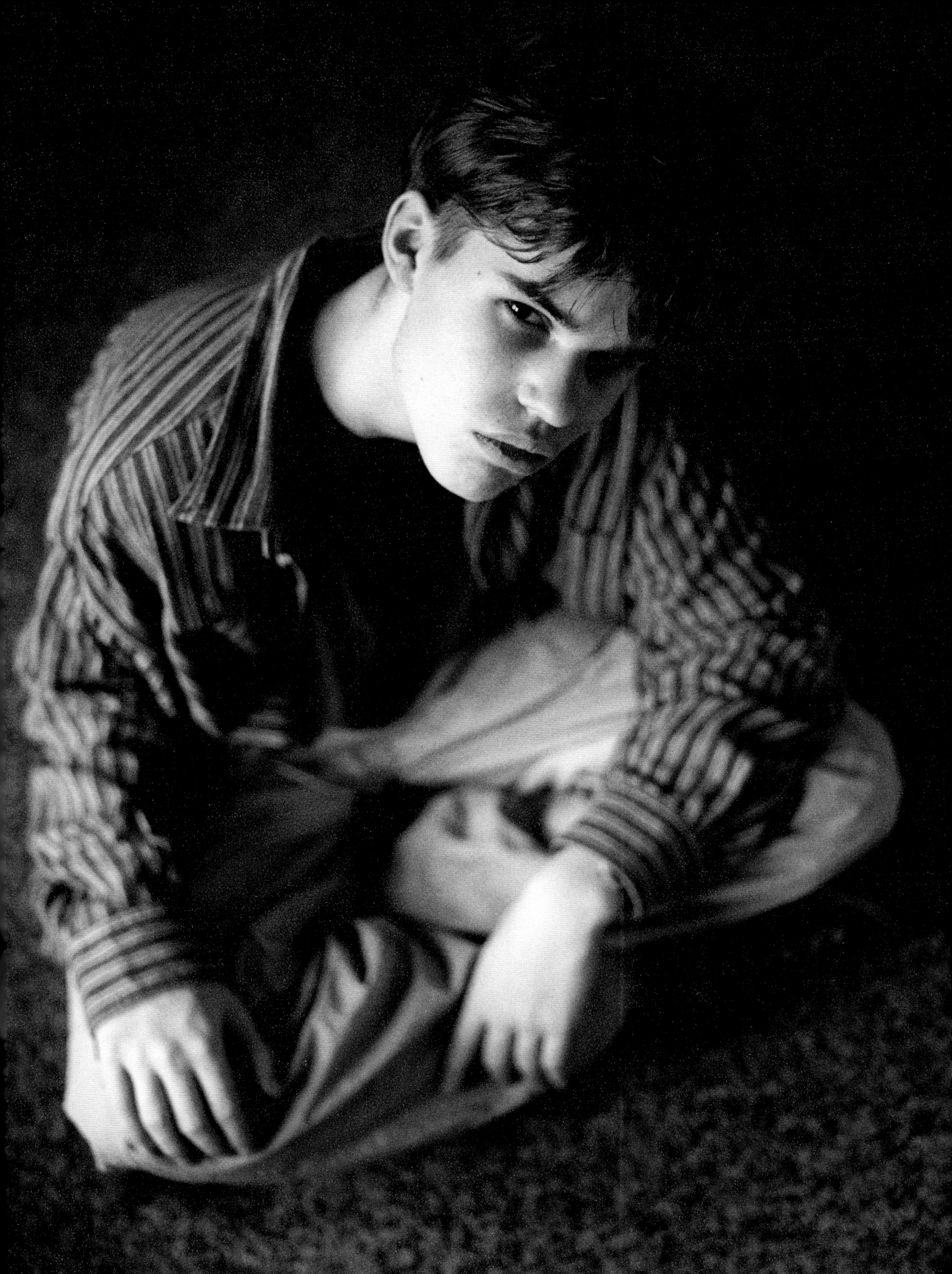

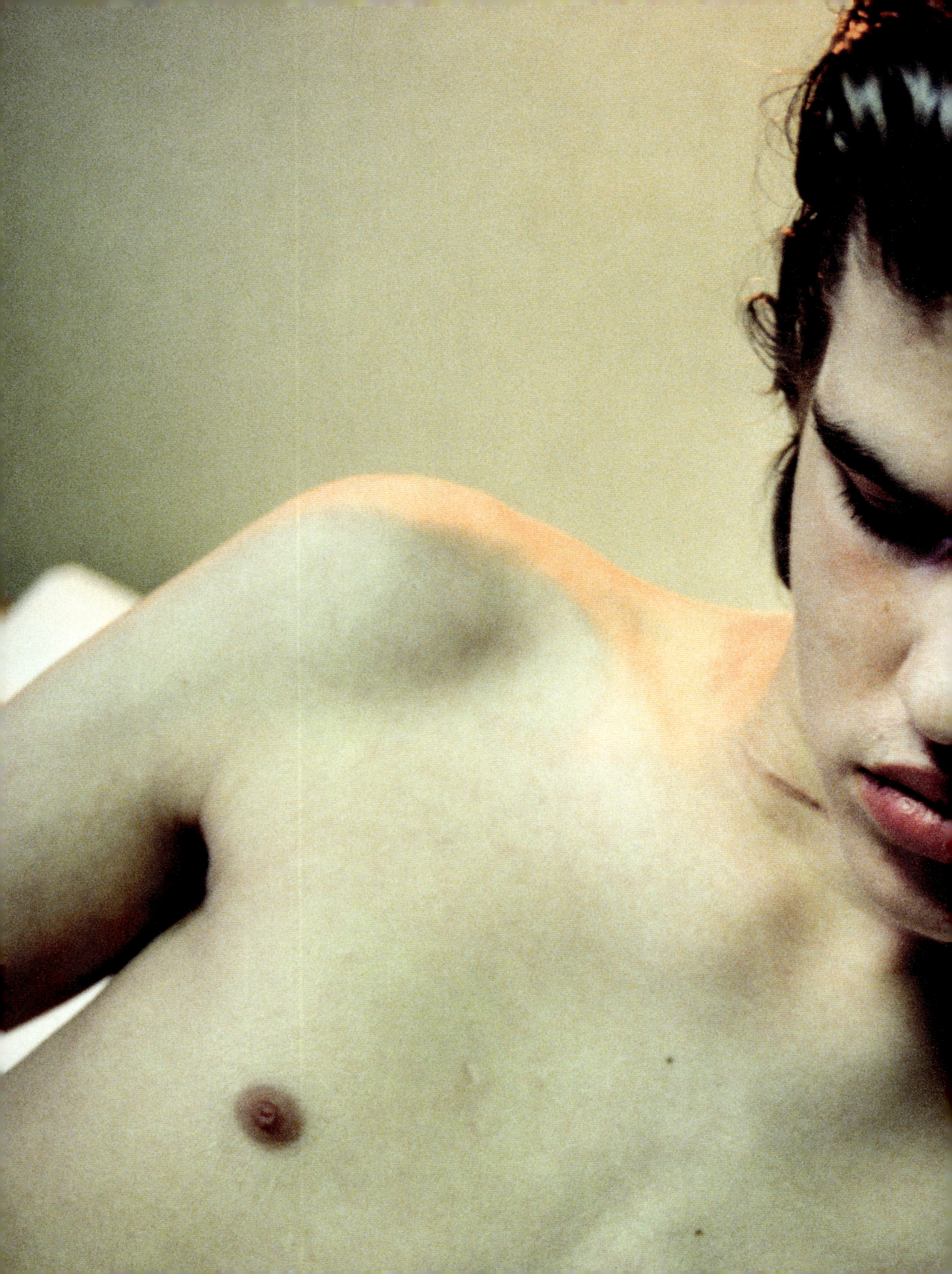

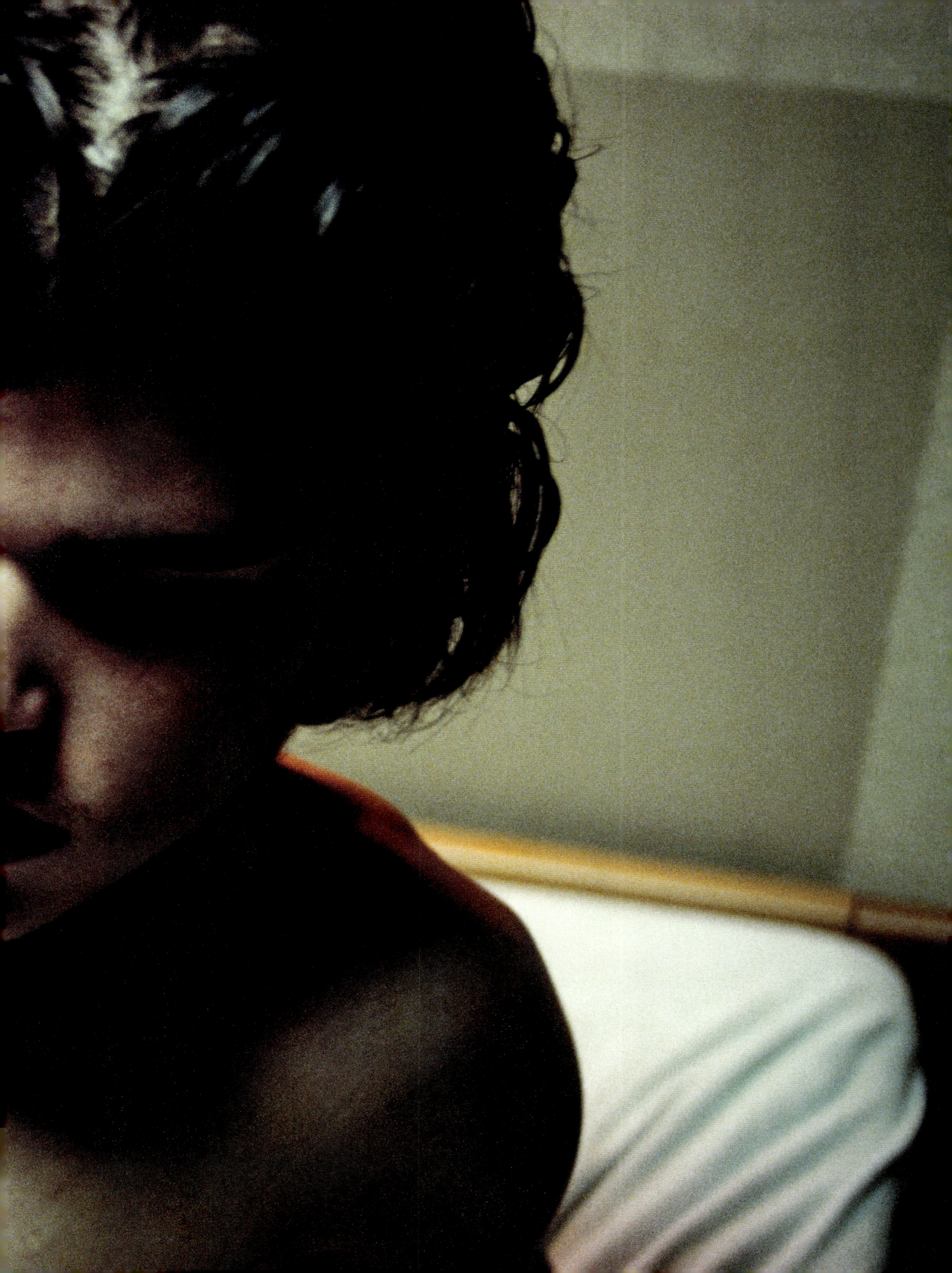

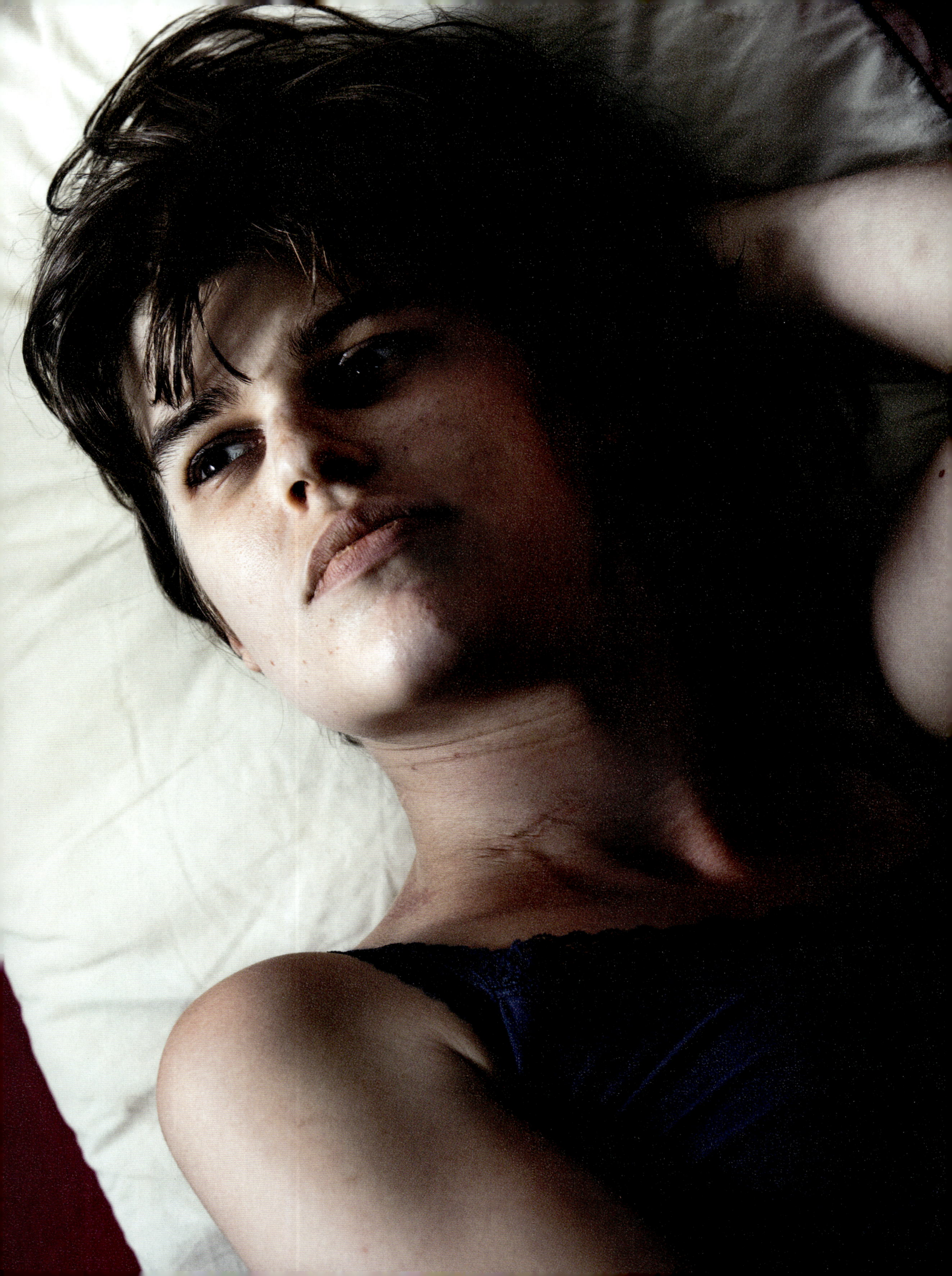

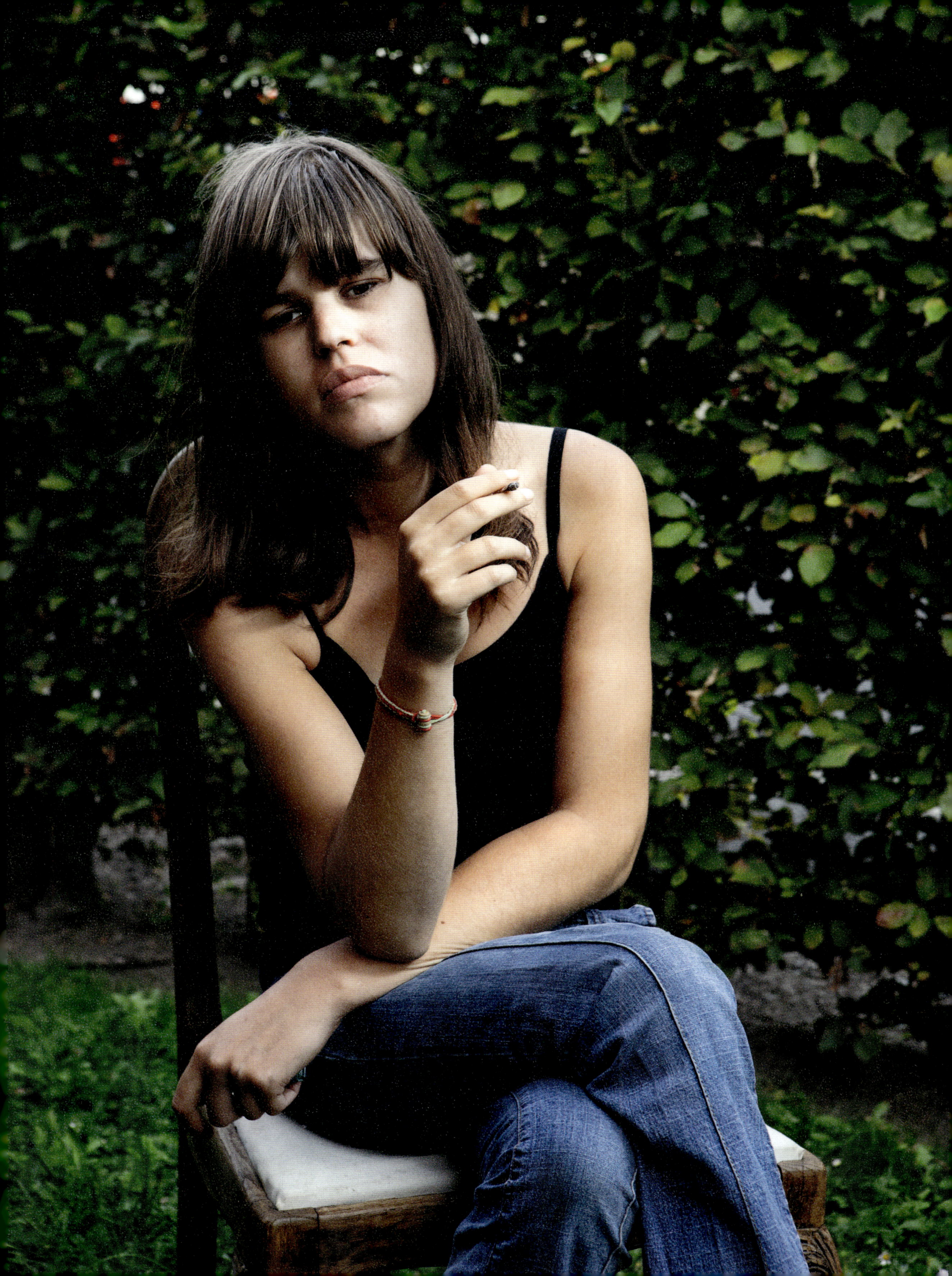

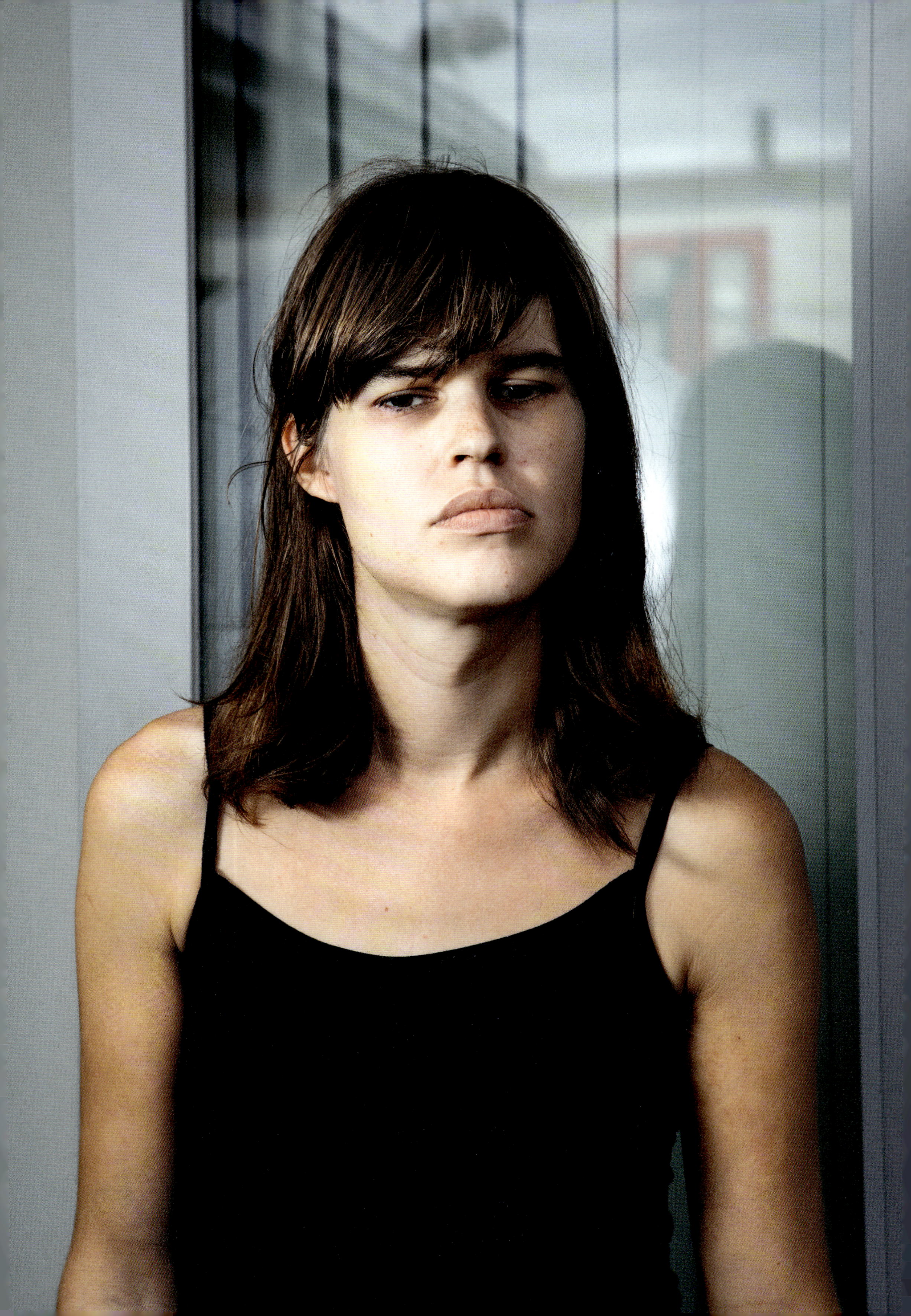

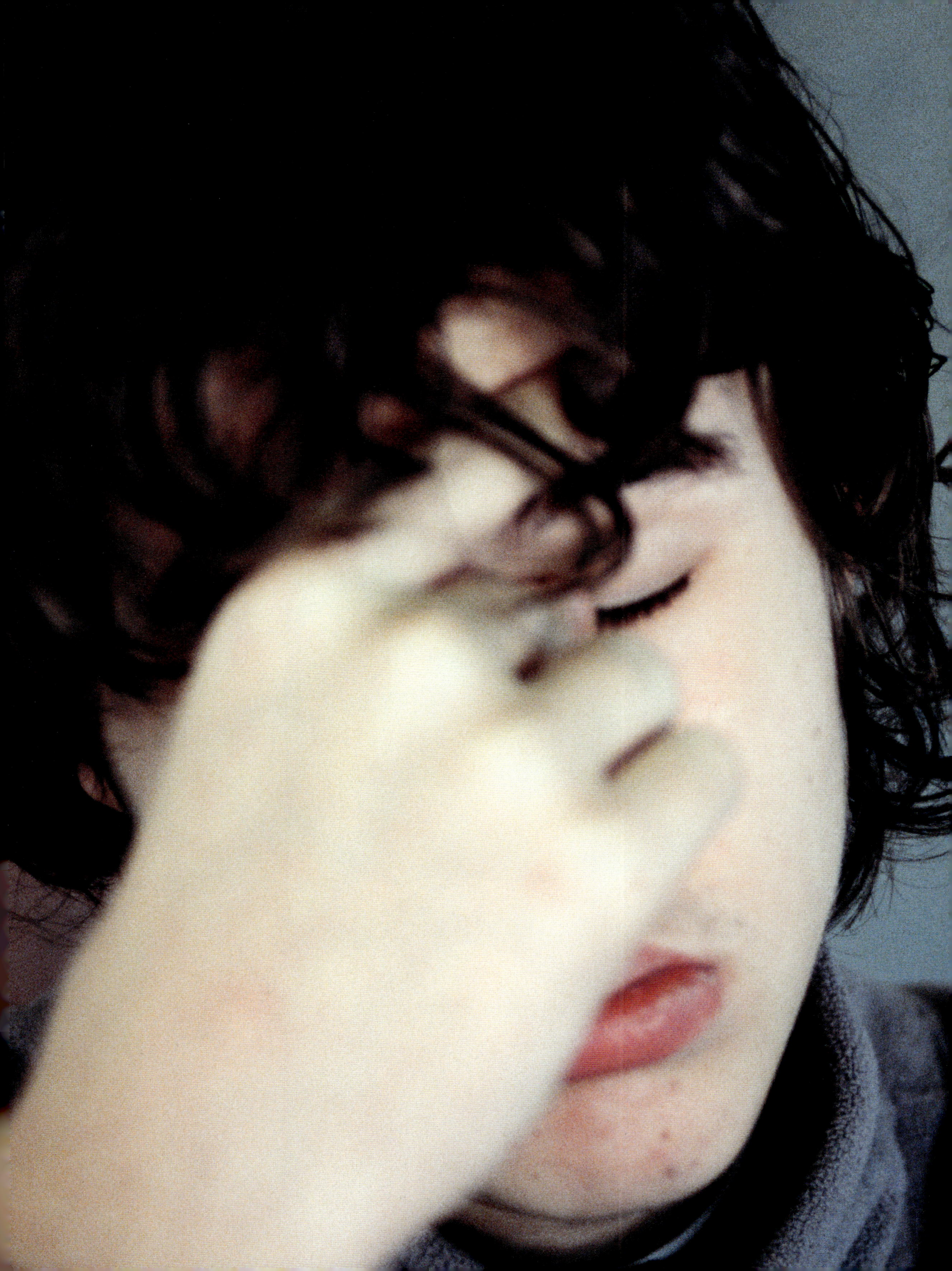

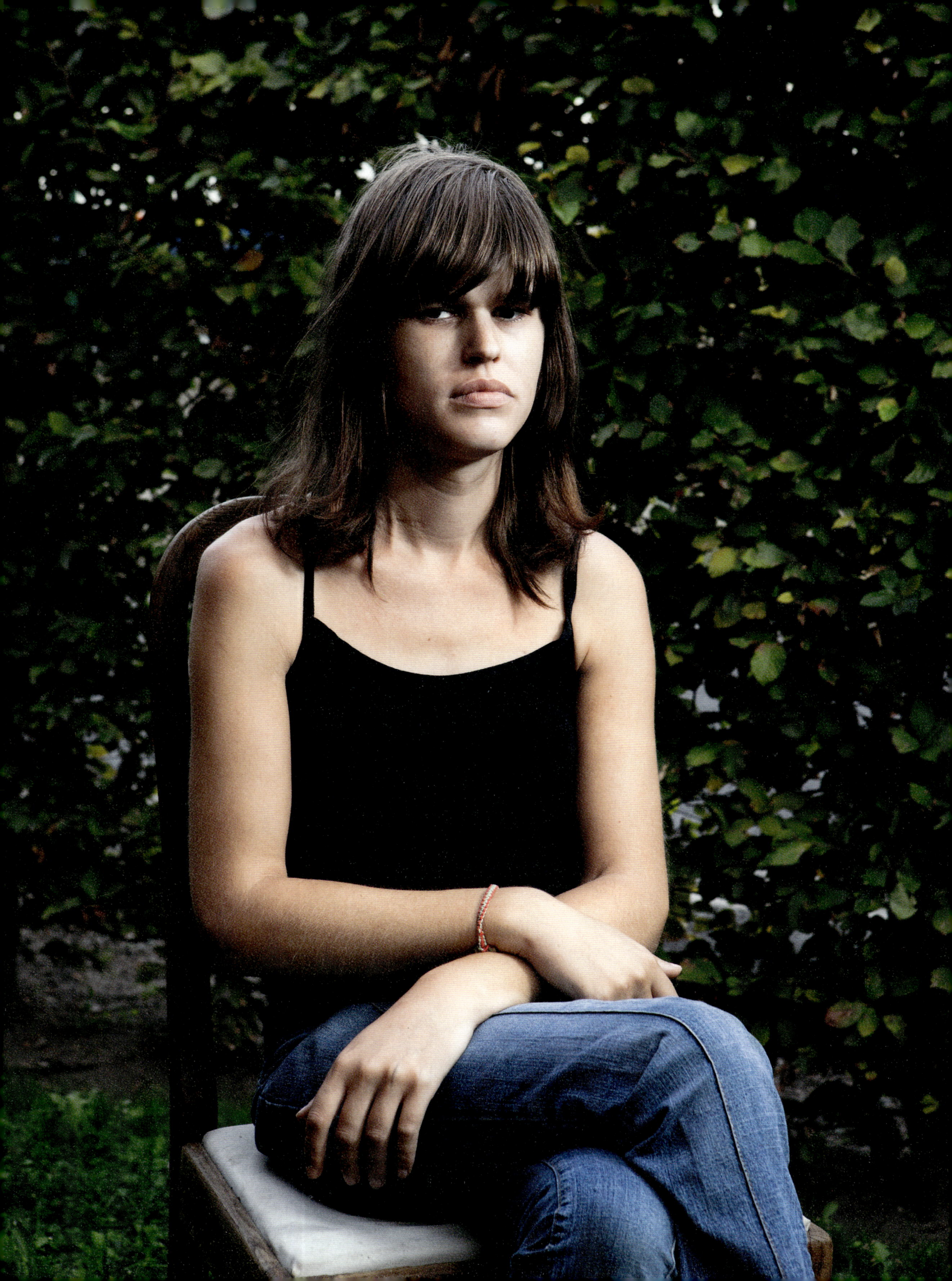

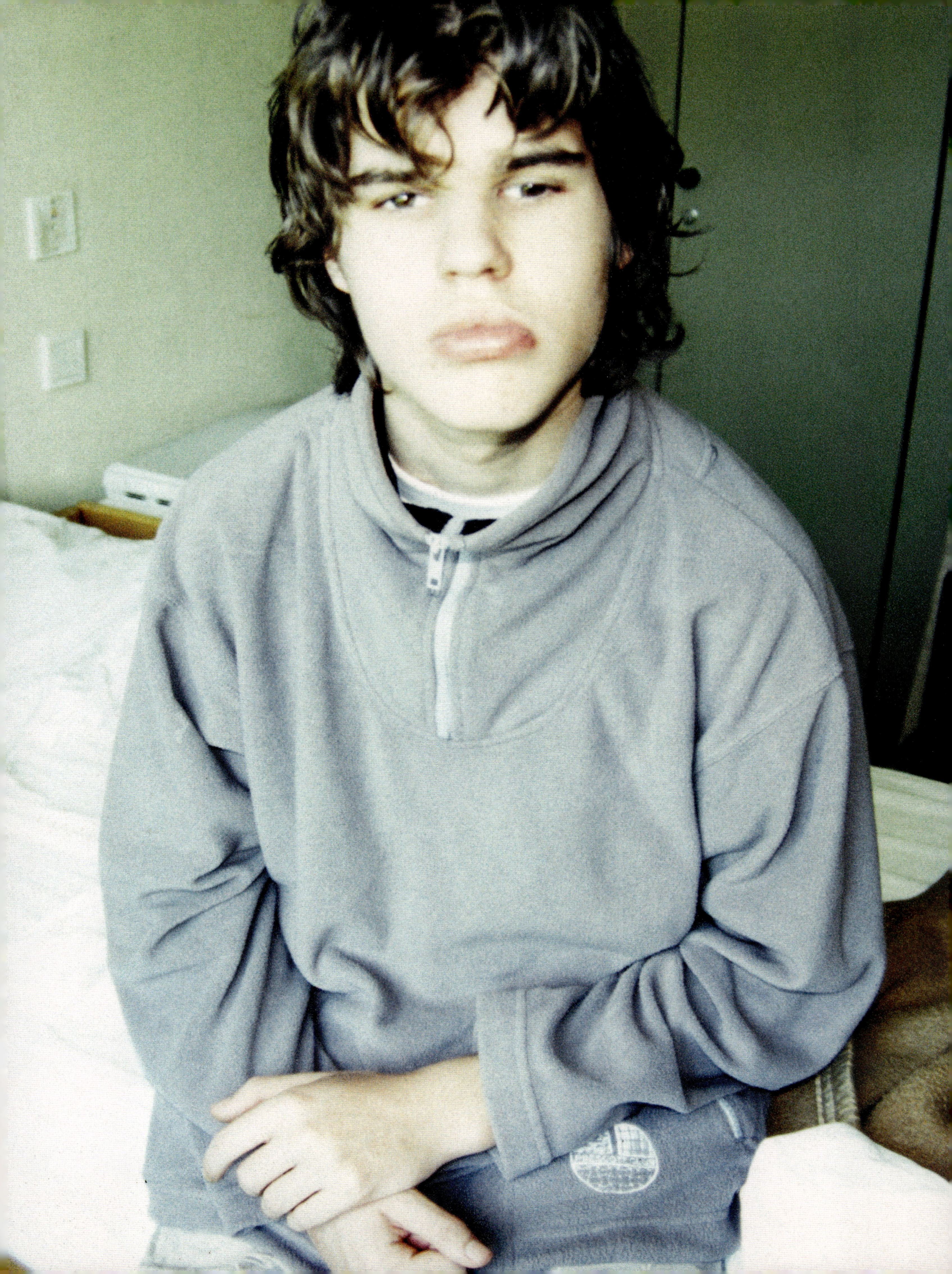

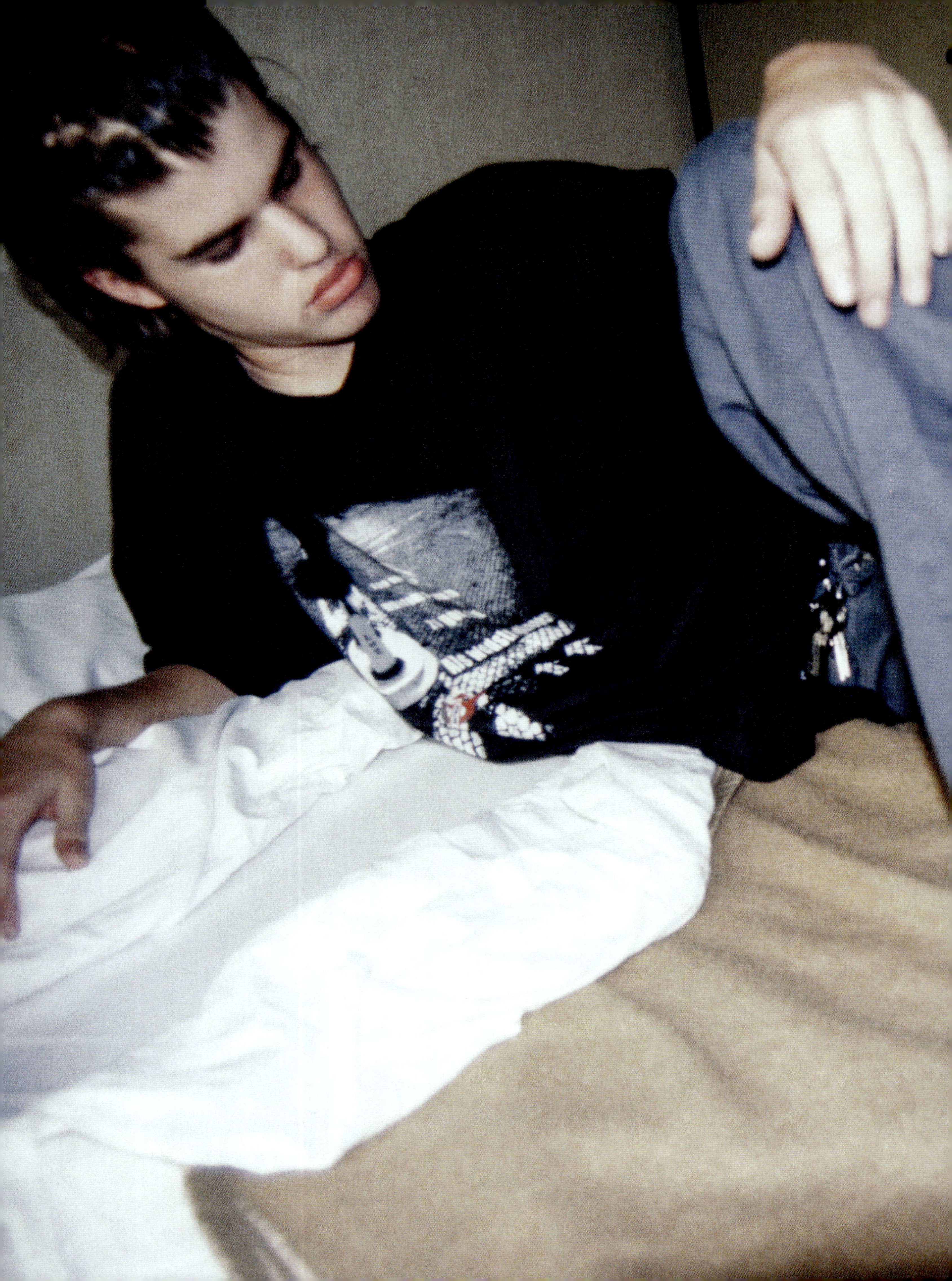

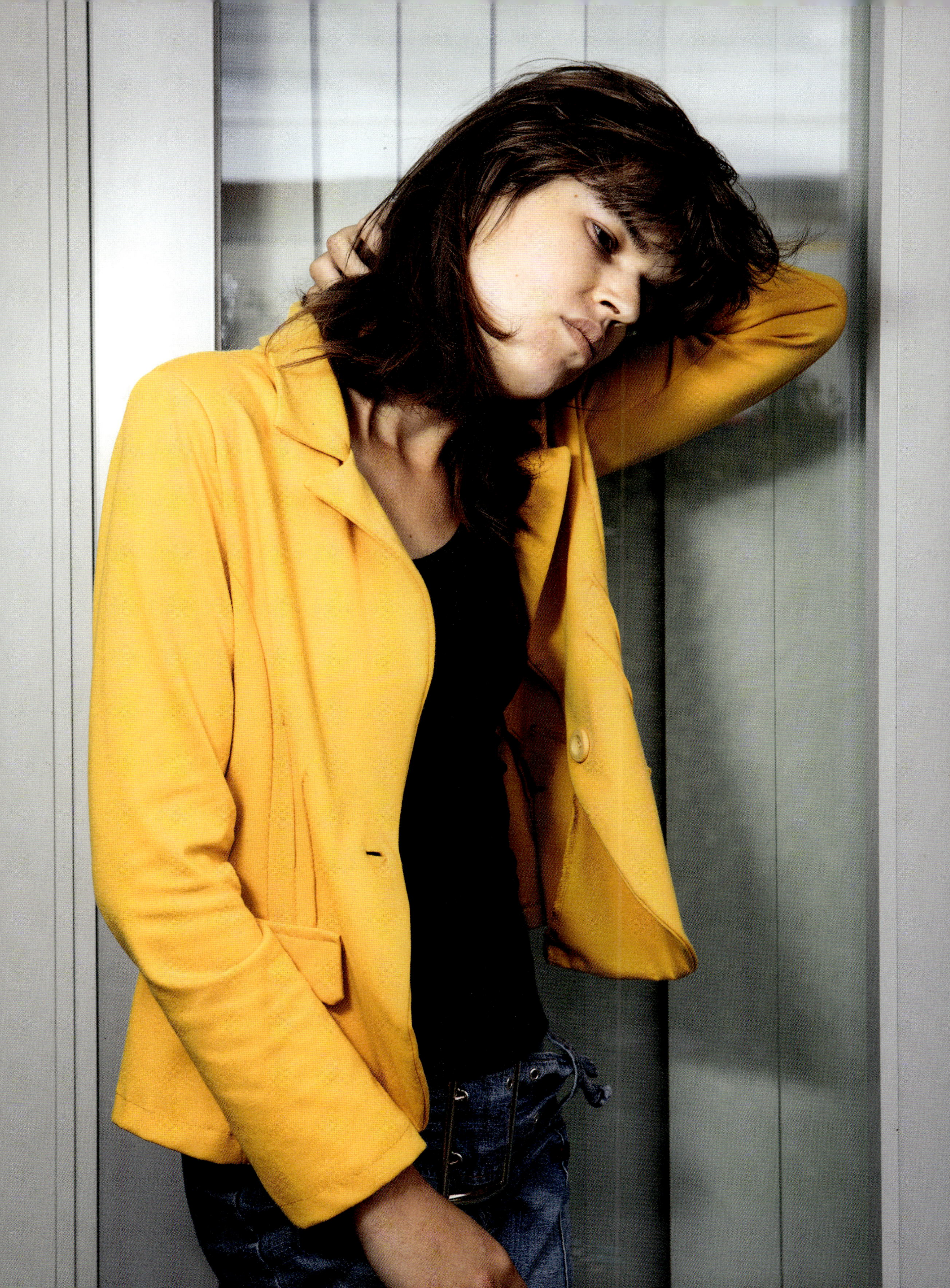

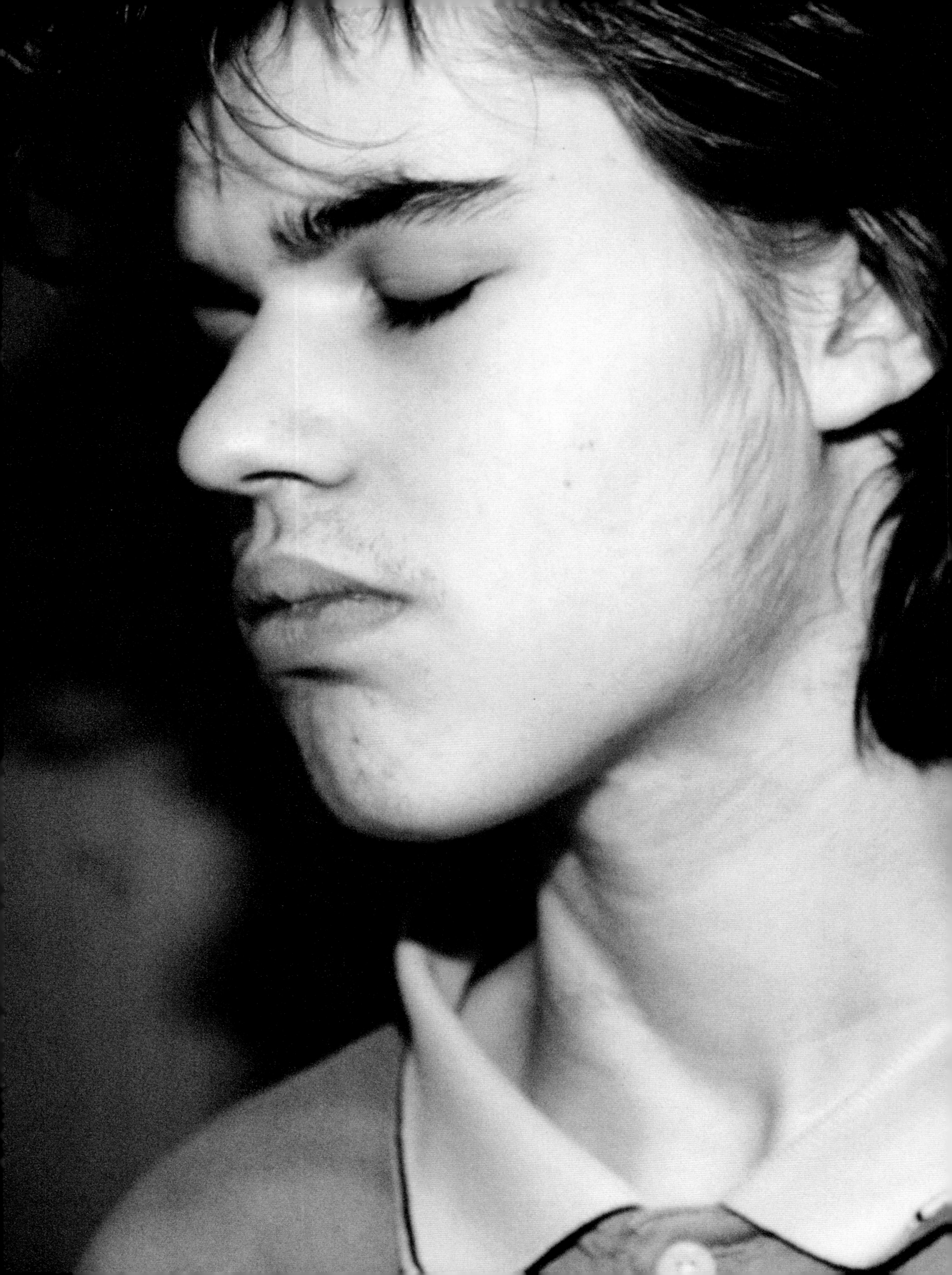